SOUS PRESSE : Le sauf-Conduit, comédie-vaudeville en 2 a.
Tiennette ou le Raccoleur et la Jeune fille.
Les Femmes Légères, vaudeville en 1 acte.

PARIS DRAMATIQUE

RECUEIL DE PIECES NOUVELLES,

JOUÉES SUR LES THÉATRES DE LA CAPITALE.

Théâtre Saint-Marcel.

L'ADULTÈRE,

Drame en trois actes.

Prix : 30 centimes.

22-23.

PARIS.
L.-A. GALLET, LIBRAIRE-ÉDITEUR,
Boulevard du Temple, N. 86, et rue d'Angoulême, N. 12.

PALAIS-ROYAL,	BRUXELLES,
Ch. TRESSE, SUCCESSEUR DE BARBA,	J.-A. LELONG, LIBRAIRE,
derrière le Théâtre Français.	rue des Pierres, 46.

1839.

PARS DRAMATIQUE

RECUEIL DE PIÈCES NOUVELLES

propres à être représentées en société

par

Charles Alfred Bernard

TRAGÉDIES

Drame en trois actes

NANCY
BB. GRIMBLOT, LIBRAIRE-ÉDITEUR

1855.

L'ADULTÈRE,

DRAME EN TROIS ACTES,

Par M. NUS-FOLLET,

REPRÉSENTÉ POUR LA PREMIÈRE FOIS, A PARIS, SUR LE THÉATRE SAINT-MARCEL, LE 21 SEPTEMBRE 1839.

PERSONNAGES.	ACTEURS.
LE COMTE DE STOLBERG,	MM. Mélinot.
ALBERT, son fils adoptif,	Lequien.
ULRIC,	Godefroy.
LE COMTE DE MOLDEN, colonel des gardes,	Oudard.
JOHANE, bucheron,	Mettrier a.
NORBI, intendant du château,	Letur.

PERSONNAGES.	ACTEURS.
ERIC, mendiant,	MM. Julien.
UN GUIDE,	Mettrier j.
UN DOMESTIQUE,	Ferry.
UN MENDIANT,	Forel.
MATHILDE, épouse de Stolberg,	Mmes Sarlony.
KETLY, femme de Johann,	Élisa.
Guides, Mendiants, Gens du Château.	

La Scène est en Souabe, au château de Stolberg près la forêt d'Eyrebach, dans la vallée de Baharem.

ACTE PREMIER.

La cour intérieure du château, à gauche, le péristyle, à droite les dépendances. Au lever du rideau, une troupe de mendiants groupés autour du péristyle, attendent une distribution d'aumônes. Ulric se tient à l'écart, appuyé sur son bâton.

SCÈNE PREMIÈRE.

ULRIC, ERIC, MENDIANS.

ERIC, (d'une voix plaintive sur les marches du Péristyle.)
La charité, s'il vous plaît...

UN MENDIANT.
Te tairas-tu, maudit plaignard?.. crois-tu que tes éternelles lamentations feront arriver plus vite ce que nous attendons?

ERIC, descendant les degrés.
Ce misérable intendant est sans pitié pour nos estomacs affamés.

LE MENDIANT.
Ne sommes nous pas déja fort heureux qu'on veuille bien nous faire l'aumône?

ERIC.
La belle grâce! une chose qui nous est due!...

LE MENDIANT.
Due ! et comment cela?

ERIC.
Tu ne sais pas cela, toi, et tu viens demander à la porte des gens sans les connaître?.. Une femme est morte dans ce château il y a quinze ans, et depuis la mort de cette femme, chaque semaine, on réunit dans cette cour les pauvres de la paroisse... c'était dans son testament... par conséquent, nous sommes ses héritiers de droit, et nous pouvons recevoir sans dire merci.

LE MENDIANT.
Je croyais que c'était une générosité du maître de ce château, le noble comte de Stolberg.

ERIC.
Ah! bien oui... en Souabe, des riches qui fassent du bien? on trouverait plutôt des floréus d'or dans nos besaces de gueux. Si l'on nous distribue de la viande et du pain avec quelques kreutzers, c'est là que nous prions pour l'âme de la défunte... voilà tout.

LE MENDIANT.
Cependant tout le monde s'accorde à dire que le comte de Stolberg est un homme charitable... c'est lui qui a fait ouvrir des routes dans nos montagnes et fait planter de distance en distance des poteaux avec des cloches, pour indiquer le chemin à travers la neige, et pour que les voyageurs égarés puissent demander secours, si quelque danger menace leur vie...

ERIC.
Qu'est-ce que ça prouve? les chemins, tes poteaux et tes cloches, tout cela, c'est de l'ostentation! Pardieu, on m'avait offert de m'enrôler parmi les hommes qui vont la nuit, à la recherche des gens perdus... c'est bien payé... mais pas si fou que d'aller me faire casser le cou sur les rochers, ou risquer de me faire engloutir par les avalanches... j'ai répondu que mon métier était de demander l'aumône et non pas de courir sur les montagnes comme un chamois égaré...

LE MENDIANT.
C'est moins dangereux.

ERIC.
Comme tu dis, l'ami; d'autant plus que j'avais un projet qui devait m'assurer une croûte de pain pour mes vieux jours... mais il n'y a pas de chance pour le pauvre monde... j'avais demandé en mariage la fille de Simon Vabontrain, le cul-de-jatte... une femme superbe, un vrai bijou pour le métier... Elle marche sur les béquilles comme une princesse, et quoiqu'elle ne soit que borgne, son bon œil est si bien tourné, elle te roule avec tant d'adresse, qu'on la dirait aveugle... Pour lors, voulez-vous savoir ce que Simon m'a répondu? Comment, malheureux, m'a-t-il dit, tu veux que je te donne mon enfant, et tu marches solidement sur tes deux jambes, et tu n'es pas même manchot, et tu n'as pas seulement une pauvre petite plaie

sur tout ton corps! un beau magot pour épouser ma fille...
TOUS LES MENDIANTS, *riant.*
Ah! ah! ah!
LE MENDIANT.
Silence, voici l'intendant.
ERIC.
L'intendant!... (*Il se précipite vers Norbi.*) La charité, s'il vous plaît... (*Les autres mendiants le repoussent.*)
LE MENDIANT.
A la queue! tu es le plus jeune dans le métier, respect aux anciens. (*Altercation entr'eux.*)

SCÈNE II.
LES MÊMES, NORBI, UN DOMESTIQUE.

Norbi arrive suivi d'un valet qui porte un panier contenant des provisions. Il tient une bourse à la main.)
NORBI, *sur le pérystile.*
Eh bien que signifie ce tumulte!.. (*On se tait; le domestique distribue les vivres.*) N'êtes vous pas honteux d'être sans cesse à vous disputer?..
ERIC.
Ce c'est pas moi, mon brave monsieur...
NORBI.
Silence!..
ERIC.
Oui, mon respectable monsieur,..
NORBI.
Chacun de vous a-t-il reçu sa part d'aumônes?
NORBI, *désignant Ulric.*
Il n'y a donc plus que celui-ci! Pourquoi restes-tu ainsi à l'écart, et ne viens-tu pas participer comme les autres aux largesses de mon maître?..
ULRIC, *sombre.*
Je n'ai besoin de rien...
NORBI.
Mais ta besace est vide! Allons, tiens, vieux misanthrope, prends ceci...
ULRIC.
Je ne veux rien, vous dis-je...
NORBI.
De la fierté sous des haillons!
ULRIC.
Cela vous étonne! c'est pourtant aussi commune que la lâcheté sous un habit de velours.
NORBI.
Rassure-toi, vieillard: je représente ici un homme dont les plus nobles que toi n'ont pas dédaigné les bienfaits... tu peux accepter sans rougir... car c'est de la part de mon maître, Monseigneur le Comte de Stolberg.
ULRIC.
Je le sais. (*A part.*) Et c'est pour cela que je refuse...
NORBI.
Que viens-tu donc faire en ces lieux? Qui es-tu? je ne t'ai jamais vu...
ERIC, *bas à Norbi.*
C'est le vieil Ulric...
NORBI.
Ulric! c'est donc toi qui as exposé la vie pour M. Albert, le fils de mon maître?..
ULRIC.
C'est moi.
NORBI.
Et tu n'as pas accepté la récompense que l'on t'offrait? tu en voulais une plus brillante?
ULRIC.
C'est possible... (*A part.*) Ne le verrai-je donc pas aujourd'hui?...
ERIC, *à Norbi.*
Lui!.. allons, donc!, il n'est mendiant que pour l'honneur; car, pour le profit, il n'y tient pas... (*Bas à Norbi.*) Et malgré ça il ne manque de rien.
NORBI.
Tant mieux pour lui... (*Aux mendiants.*) Retirez-vous, j'aperçois M. le Comte... Allez, braves gens... et dans vos prières, souvenez-vous de la baronne de Muldorff.
ULRIC.
Je ne l'oublierai pas moi! (*Les mendiants se retirent, Stolberg paraît du côté opposé. Il est entièrement vêtu de noir, et marche lentement, la tête penchée sur sa poitrine. Ulric l'examine d'un air sombre et sort avec les autres.*)

SCÈNE III.
STOLBERG, NORBI.

STOLBERG.
Où est Albert? qu'a-t-il fait depuis deux jours que je ne l'ai vu?..
NORBI.
Mais... Monseigneur... je ne sais...
STOLBERG.
Votre amitié pour lui serait coupable, si elle encourageait ses désordres. Répondez, l'avez-vous vu ce matin!..
NORBI.
Non, monsieur le Comte, il est parti pour la chasse dès le point du jour.
STOLBERG.
Toujours absent... et quand il rentre au château, de l'agitation, de l'inquiétude... Je vous avais ordonné de faire accompagner Albert partout...
NORBI.
Oui monsieur, mais il s'arrange toujours de manière à se séparer bientôt du garde qui est avec lui.
STOLBERG.
Et de quel côté se dirigent le plus fréquemment ses excursions?
NORBI.
Vers la vallée de Barnheim.
STOLBERG.
Barnheim! ce village est à plus de deux lieues du château... Que savez-vous encore?
NORBI.
Rien... Monseigneur, absolument rien... Mais pourquoi soupçonner la conduite de M. Albert?... Il aime la chasse et les plaisirs..., ce sont les goûts de son âge... croyez-moi, son cœur est bon, mais sa tête est légère... et le cœur commande à la tête, voilà tout.
STOLBERG.
J'ai peur que ce jeune homme ne me cause un jour bien des peines... il a les passions ardentes, le caractère impérieux... et il est ingrat, Norbi, oui, ingrat!.. toutes mes bontés n'ont pu m'attacher son cœur... il semble vouloir de plus en plus se détacher de moi.
NORBI.
Eloignez de telles pensées, monseigneur, c'est là le résultat de cette noire mélancolie dans laquelle vous vous obstinez à vivre.
STOLBERG.
Oui, les remords qui déchirent mon âme jettent un voile sombre sur toute ma vie... Oh! c'est que vois-tu, Norbi, quand la jeunesse n'est plus là pour colorer nos vices, quand la voix de la justice commence à parler plus haut que la voix des passions, l'homme fait un triste retour sur lui même et les fautes de ses jeunes années lui apparaissent dans toute leur laideur.
NORBI.
Ces fautes que vous déplorez si amèrement, votre repentir ne les a-t-il pas effacées?..
STOLBERG.
Non, car ma conscience me les reproche tou-

jours... et la haine d'Albert, de cet enfant sur lequel j'ai placé toutes les affections de mon cœur, à qui j'ai consacré tout l'amour que je portais à sa mère, est une juste punition du ciel.

NORBI.
Mais, monseigneur, Albert ne vous hait pas.

STOLBERG.
Oh! je ne m'abuse pas... aussi ma résolution est prise... je ne veux pas devenir le jouet de ses caprices, ni me taire sur ses mauvais penchants... il faut que dès aujourd'hui, je fasse cesser une situation qui lui est peut-être aussi pénible qu'à moi-même...

NORBI, *regardant dans le fond.*
Le voici!..

STOLBERG.
Laisse nous! as-tu songé aux préparatifs que je t'ai ordonnés?..

NORBI.
Oui, monsieur le Comte.

STOLBERG.
Que dans une heure la chaise de poste soit à la grille du parc... va!..
(*Norbi sort.*)

SCÈNE IV.
STOLBERG, ALBERT.

Albert entre précipitamment un fusil a la main et les vêtemens en désordre, Il n'aperçoit pas Stolberg qui s'est mis a l'écart.

ALBERT, *à lui même.*
Que de fatigues, que de recherches, et rien?.. je n'ai rien trouvé... (*Il paraît plongé dans l'abattement le plus profond.*)

STOLBERG, *s'avançant vers lui.*
Albert!..

ALBERT.
Ciel!

STOLBERG.
Albert, il serait temps enfin d'apporter quelque trève à ce goût de la chasse qui vous domine... votre santé n'y pourrait résister... (*Mouvement d'Albert.*) Oui, il me sera agréable de vous voir suspendre vos courses, jusqu'à ce que le repos ait fait disparaître les traces de de vos fatigues, et dissipé mes inquiétudes.

ALBERT.
Tant de sollicitude me touche vivement, monsieur, mais..

STOLBERG, *l'interrompant.*
Pourquoi ne m'appelez vous pas votre père?

ALBERT, *péniblement.*
Mon père...

STOLBERG, *avec fermeté.*
Vous renoncerez à ces fréquentes sorties, Albert, car je l'ai jugé convenable.

ALBERT.
Mais, mons... mon père, ce langage...

STOLBERG.
Est nouveau pour vous, je le sais... j'avais cru jusqu'à ce jour que la douceur de mes avis aurait assez d'empire sur votre caractère pour prévenir les écarts auxquels je vous vois près de vous livrer... je m'étais trompé...

ALBERT.
Qu'exigez-vous donc?

STOLBERG.
Que vous me disiez d'abord ce que vous allez faire chaque jour à Barnheim...

ALBERT.
Ce n'est pas mon secret, je ne puis vous le dire.

STOLBERG.
Et vous pensez que je tolérerai votre conduite?

ALBERT.
Mais suis-je donc un enfant que l'on doive conduire à la lisière? N'y a-t-il pas de la tyrannie à vouloir ainsi entraver mes goûts et mes plaisirs? est enfin je suis un homme à présent, et il y a des bornes que l'autorité paternelle elle même, ne doit pas franchir.

STOLBERG.
Eh! bien, monsieur, je vais mettre aujourd'hui même un terme à cette tyrannie, contre laquelle vous vous révoltez avec tant d'indignation je ne supporterai pas davantage vos reproches et votre ingratitude... dans une heure, vous quitterez le château...

ALBERT, *à part.*
Qu'entends-je?

STOLBERG, *près de rentrer.*
Vous êtes un homme, dites vous? eh bien! vous êtes arrivé à l'âge où un homme de cœur doit rougir de son inaction. J'ai sollicité pour vous un brevet d'officier dans le régiment des gardes; ce brevet m'a été accordé, et vous allez partir.

ALBERT.
Partir!

STOLBERG.
Hâtez-vous de vous disposer à m'obéir.
(*Il sort.*)

SCÈNE V.
ALBERT *seul.*

Enfin je vais donc être libre, loin de ce château, loin de cette surveillance soupçonneuse qui s'attachait sans cesse à mes pas, qui scrutait chacune de mes pensées, loin de mon père, en un mot... Mon père... ah! pourquoi ce nom me fait-il tressaillir? d'où vient que je ne le prononce qu'avec terreur? C'est qu'il y a dans mon cœur un mystère d'infamie que je n'ose sonder, c'est que ce nom qui ne doit sortir des lèvres humaines qu'avec respect et amour, ce nom ne réveille en moi que de la colère et de la haine! oh! c'est affreux, mon Dieu, un fils haïr son père, et pourtant que n'ai-je pas fait pour chasser cette odieuse pensée, pour lutter contre cette impulsion de l'enfer? mais l'enfer l'emporte toujours, oui, je le hais d'instinct, cet homme! ses caresses m'impatientent, ses reproches m'irritent... O mon Dieu, mon Dieu, que vous ai-je fait pour me torturer ainsi? oh! mais maintenant que je vais vivre loin de lui, l'absence éteindra peut-être cette aversion que j'ai vainement combattue, les émotions d'une vie nouvelle, l'amour de Mathilde guériront peu à peu cette lèpre de mon âme... Mathilde surtout, Mathilde que je pourrai aimer à présent, à la face du ciel, elle me suivra, elle s'exilera avec moi, et je lui ferai oublier à force d'amour toutes les peines que je lui ai causées. Mais, que dis-je? hélas! depuis huit jours qu'elle a disparu de sa demeure, je la cherche partout sans pouvoir la découvrir, et Ulric, Ulric qui ne revient pas!

SCÈNE VI.
ALBERT, ULRIC.

ULRIC.
Me voici...

ALBERT.
Eh bien! qu'as-tu découvert? où est Mathilde?.. Parle vite, car je ne puis rester ici plus longtemps.

ULRIC.
Comme vous êtes ému! que vous est-il donc arrivé?

ALBERT.
Dans une heure je quitte le château...

ULRIC, *à part, avec joie.*
A merveille! (*Haut.*) Comment... on vous chasse?
ALBERT.
Mon père a obtenu pour moi un brevet d'officier.
ULRIC.
C'est à peu près la même chose; mais soyez tranquille, M. Albert, il y a ici quelqu'un qui ne vous abandonnera pas.
ALBERT.
Toi, n'est-ce pas Ulric? je connais ton amitié.
ULRIC.
Moi d'abord, pauvre vieux mendiant, qui ne peux que vous aimer et vous consoler dans vos peines, mais il y en a un autre encore; un autre plus riche et plus puissant que moi qui ne souffrira pas que vous soyez malheureux.
ALBERT.
Que veux-tu dire? je ne connais personne qui puisse ainsi s'intéresser à moi.
ULRIC.
Et savez-vous si vous n'avez pas de par le monde quelqu'ami inconnu qui veille sur vous à votre insçu, et dont l'influence mystérieuse préside à toutes vos actions, sans que vous connaissiez le moteur qui vous fait agir?
ALBERT.
Allons, trève de folies, Ulric... nous n'avons pas de temps à perdre... as-tu des nouvelles de Mathilde?
ULRIC.
Oui, je sais ce qu'elle est devenue.
ALBERT.
Il se pourrait! tu l'as vue, mon bon Ulric, tu l'as vue, et tu as obtenu mon pardon, n'est-ce pas? tu lui as avoué les indignes moyens dont je me suis servi pour la tromper, tu lui as appris que celui qu'elle croyait être Frédérick Muller, c'est Albert, le fils et l'héritier du comte de Stolberg? oh! maintenant que j'ai une position dans le monde, que je suis le maître de mes actions, elle deviendra ma femme, ma bien aimée, la compagne de toute ma vie! Mathilde, Mathilde, ma femme! comprends-tu ma joie, mon bonheur? mais qu'as-tu donc! tu restes froid devant mes transports, ta bouche est silencieuse, ton regard glacé!
ULRIC.
Ah! c'est qu'un mot va changer votre joie en désespoir.
ALBERT.
Je ne redoute qu'un seul malheur.
ULRIC.
Sa mort peut-être?
ALBERT.
Non, car je pourrais mourir aussi.
ULRIC.
Mathilde vous a trahi!
ALBERT.
Trahi! elle, oh! tu veux me tromper, vieillard.
ULRIC.
Je n'ai jamais menti, monseigneur.
ALBERT.
Ah! pardonne-moi, Ulric, la douleur m'égare, je sais bien que tu ne voudrais pas te jouer ainsi de moi... mais Mathilde, Mathilde infidèle, oh! non, non, je ne la croirai jamais.
ULRIC.
Consolez-vous, M. Albert.
ALBERT.
Me consoler! tu veux que je me console quand Mathilde est perdue pour moi.
ULRIC.
Cette femme n'était pas digne de vous.
ALBERT.
Ulric!
ULRIC.
Elle est légère, coquette; c'est une de ces femmes vaines et ambitieuses à qui il faut le luxe de la vie et les fêtes enivrantes du monde; l'amour dans son cœur... c'est une vanité de plus.
ALBERT.
Mais elle portait dans son sein le gage de notre amour... elle allait être mère.
ULRIC, *raillant.*
Elle a oublié le père... et vous vouliez qu'elle se souvint de l'enfant?
ALBERT.
Oh! mon Dieu, mon Dieu.
ULRIC.
Croyez-moi, Albert, avant de vous connaître, Mathilde était déjà tombée dans cet abime d'où l'honneur d'une femme ne se relève jamais... (*Mouvement d'Albert.*) Oh! ne m'accusez pas de mensonge, à cette heure; vous voyez bien que je suis trop cruel pour n'être pas sincère.
ALBERT, *sombre.*
Tu ne m'as pas dit encore ce qu'elle est devenue.
ULRIC.
Elle vous a quitté parce qu'elle a rencontré un homme assez puissant pour jeter à ses pieds les titres et les honneurs que son cœur ambitionnait, assez riche pour assurer à son avenir les plaisirs et l'opulence que vous ne pouviez pas lui offrir.
ALBERT.
Et le nom... le nom de cet homme.
ULRIC.
Que vous importe! croyez en ma vieille expérience; vous le remercierez plus tard, (*avec un sourire amer*) et cette femme vous vengera bientôt d'elle même et de lui... (*Albert reste enseveli dans sa douleur; à part.*) Pauvre enfant! j'ai pitié de ses larmes... et pourtant...

~~~~~~~~~~~~~~~~~~~~~~~~~~~~~~~~~

SCÈNE VII.

Les mêmes, STOLBERG.

STOLBERG.
Albert, êtes-vous prêt à partir?
ALBERT, *sans l'écouter.*
Infidèle!... (*Ulric s'éloigne sans être aperçu par Stolberg, et se tient à l'écart.*)
STOLBERG, *regardant Albert avec surprise; à part.*
Qu'a-t-il donc?
ALBERT, *de même.*
Abandonné par elle... une femme que j'aimais plus que ma vie... oh! malédiction sur moi qui ai été assez lâche pour trembler devant un homme, assez vil pour mentir à une femme!
STOLBERG.
Qu'entends-je? cet égarement...

~~~~~~~~~~~~~~~~~~~~~~~~~~~~~~~~~

SCÈNE VIII.

Les mêmes, NORBI.

NORBI.
Monsieur le comte, la chaise de poste est au bout du parc... votre valet de chambre y attend M. Albert.
ALBERT, *revenant à lui.*
Ah! oui, ce brevet... mon départ... oui, oui, des dangers... la mort... c'est là ma seule espérance... adieu mon père... adieu.
STOLBERG.
Le ciel veillera sur vous, Albert, nous nous reverrons... (*Il l'embrasse; en passant auprès d'Ulric, Albert lui tend la main que le mendiant baise avec tendresse; Stolberg conduit Albert jusque dans le fond.*)
ULRIC, *seul sur le devant de la scène.*
Maintenant allons trouver Mathilde. (*Il s'éloigne.*)

SCÈNE IX.
STOLBERG, NORBI.
STOLBERG.
Pauvre Albert! si jeune et déjà des peines de cœur! oh! mais il pourra oublier, lui, son caractère est léger, inconstant, et les émotions d'une vie de soldat auront bientôt effacé des souvenirs qui ne sont pas des crimes.
NORBI.
Ce départ va laisser un grand vide dans le château; et j'en suis sûr, monsieur le comte ne sera pas le dernier à le remarquer.
STOLBERG, *préoccupé.*
Oui!
NORBI.
Maintenant plus que jamais, il vous faudra chercher quelques distractions à cette mélancolie qui vous consume... à votre âge, il est tant de moyens d'échapper à la douleur!
STOLBERG.
Que voulez-vous dire?
NORBI.
Pardonnez-moi, monseigneur, si je vous parle ainsi... mais je souffre de vous voir abandonné au chagrin... une âme ardente comme la vôtre a besoin d'épancher ses affections. Tout en conservant la religion des souvenirs, ne pourriez-vous pas essayer de vous rattacher à la vie par un sentiment plus calme et plus doux? enfin que sais-je... ne pourriez-vous pas vous marier?
STOLBERG.
Me marier!
NORBI.
Pourquoi pas? cette femme, cette Amélie dont vous pleurez encore la perte... si elle désira votre bonheur pendant sa vie... peut elle vouloir maintenant que vos regrets fassent votre malheur éternel? (*La nuit commence à venir.*)
STOLBERG.
Laissez-moi, Norbi, j'ai besoin d'être seul.
NORBI.
Je me retire, (*Il fait quelques pas,*) le temps devient sombre du côté de la montagne... il tombera encore beaucoup de neige cette nuit.
STOLBERT.
Il faudra que l'on veille... où sont nos guides
NORBI.
Là! couchés sous le hangar.
STOLBERG.
Qu'ils veillent! (*Norbi s'incline et sort.*)

SCÈNE X.
STOLBERG, *seul.*
Il a dit vrai, cet homme, la solitude dévore mon existence; la vie que je mène est un lent suicide; et pourtant je n'ose y mettre un terme... moi! que je me réfugie dans le mariage, contre les remords qui me rongent pour avoir profané le mariage! que je confie à une femme l'honneur de mon nom et le bonheur de mes jours... quand c'est par une femme que j'ai tué l'honneur et bonheur de mon ami! ah! il faudrait que je ne crusse pas à la justice de Dieu pour agir ainsi! et pourtant si j'étais sûr de la tendresse et de la vertu d'une femme, ah! ce serait une vie nouvelle qui s'ouvrirait devant moi; mais hélas! où la trouver cette femme, et suis-je digne d'une telle joie! (*En ce moment on entend au loin le son d'une cloche; Stolberg sort de sa rêverie. Nuit complète.*) Il me semble entendre le son d'une cloche qui retentit dans le lointain... quelque voyageur égaré qui fait entendre ce signal de détresse pour qu'on vienne à son secours... (*Il écoute.*) Le vent souffle avec furie dans les cavités de la montagne... (*Il va vers le hangar où sont les guides.*) Holà! mes amis, n'entendez-vous pas? un malheureux vous appelle, la neige va l'engloutir. (*Il entre sous le hangar.*)

SCÈNE XI.
LES MÊMES, ULRIC *sur le devant de la scène.*
(*Il arrive en secouant la neige de ses habits, et a écouté les derniers mots de Stolberg qu'il suit du regard.*)
O mon Dieu qui m'avez abandonné si longtemps, vous étendez enfin sur moi votre bras protecteur... Tout seconde mes desseins... Mathilde est un instrument aveugle de ma volonté. Albert est loin d'ici... Ah! comte de Stolberg, à nous deux maintenant!

SCÈNE XII.
ULRIC, STOLBERG, GUIDES.
UN GUIDE, *après avoir regardé le temps.*
Impossible! il n'y a pas moyen d'aller à la montagne, la nuit est trop noire.
STOLBERG.
Allumez vos torches.
LE GUIDE.
Le vent les éteindra.
STOLBERG.
Quoi! vous allez laisser périr cet infortuné?
LE GUIDE.
Voulez-vous donc que nous nous perdions avec lui?
STOLBERG.
Écoutez... les sons redoublent, aucun de vous ne risquera-t-il ses jours pour sauver un malheureux? (*Les guides restent indécis.*)
STOLBERG *prenant une torche de la main du guide.*
Eh bien! je vais vous donner l'exemple, moi.
ULRIC *s'avançant.*
Vous, noble comte, cette mission n'est pas la vôtre... (*Avec une ironie amère.*) Vous êtes le soutien de la veuve, le protecteur de l'orphelin, vous; vous devez vivre encore, comte de Stolberg! Donnez-moi cette torche (*il prend celle du comte*) et j'irai seul à la montagne, si ces hommes n'osent me suivre...
STOLBERG, *surpris.*
Toi?
ULRIC.
Pourquoi pas?
LE GUIDE *à ses compagnons.*
Allons, mes amis, ne nous laissons pas surpasser en courage par ce vieux mendiant. (*A Stolberg.*) Si nous ne revenons pas, vous prendrez soin de nos veuves et de nos enfants.
(*Ils sortent précédés d'Ulric, après avoir allumé leurs torches.*)

SCÈNE XIII.
STOLBERG, NORBI, DOMESTIQUES.
NORBI.
Mon Dieu! monseigneur, que se passe-t-il donc?
STOLBERG.
Écoute la cloche d'alarmes... quelqu'un est en danger de mort.
NORBI, *à part.*
Qui diable s'avise de voyager par un temps pareil?
STOLBERG.
On est allé à son secours... (*Il écoute dans le fond.*) Je n'entends plus la voix de mes gens...

pourvu qu'il ne leur arrive point malheur au milieu de cet affreux orage. Ils n'ont cédé qu'à mes instances. Oh! si un seul vient à périr, je me reprocherai toujours sa mort.

UN DOMESTIQUE *dans le fond.*
Les voilà... les voilà...
(*Bruit de voix en tumulte.*)
STOLBERG *se précipite dans le fond.*
Personne n'a-t-il péri?

SCÈNE XIV.

LES MÊMES, ULRIC, GUIDES, *portant une femme évanouie.*

LE GUIDE.
Personne...

STOLBERG.
Et qui avez-vous sauvé?

LE GUIDE.
Cette jeune fille évanouie et à demi-morte de froid.
(*Les guides déposent la jeune fille sur un banc de pierre.*)

STOLBERG *s'approche d'elle, et, en la considérant, il s'écrie avec admiration :*
Pauvre enfant! qu'elle est belle!

ULRIC, *à part.*
Oui, belle... pour ton malheur et pour ma geance...
(*Il jette sur Stolberg des regards de haine. Celui-ci cherche à ranimer la jeune fille. Norbi distribue du vin aux montagnards.*) — Tableau.

FIN DU PREMIER ACTE.

ACTE DEUXIÈME.

Le théâtre représente un salon richement orné, ouvrant sur la campagne. — Deux fenêtres au fond, porte d'entrée au milieu. — Deux autres portes latérales conduisant aux appartemens.

SCÈNE PREMIÈRE.

MATHILDE, *seule.*

(*A lever du rideau, Mathilde est assise, près d'une des croisées du fond qui est ouverte; elle regarde dans la campagne.*)
Comme cette campagne est belle! comme ces hautes forêts dessinent leur sombre verdure sur le fond bleu du ciel! comme ces montagnes sont imposantes avec leurs sommets couverts de neige et leurs bouquets de noirs sapins! Et tout cela est à moi; ces montagnes, ces forêts, ces prairies, ces champs où le regard se perd comme sur un océan sans limite! (*elle se lève*) ce château dont les tours seigneuriales dominent la contrée, ces appartements somptueux où de nombreux valets attentifs à me plaire semblent n'avoir d'autre mission que de veiller sur ma félicité, et ne me laissent pas le temps de former un désir, tout cela est à moi... à moi, pauvre fille abandonnée, il y a deux ans à peine, apportée dans la cour de ce château, prête à mourir de froid, de fatigue et de besoin, et qui me suis réveillée comtesse de Stolberg... moi, grande dame, moi, riche et puissante. Oh! quand je recule dans ma vie, quand je remonte vers mon passé de jeune fille, j'ai peur d'être le jouet d'une longue illusion! une illusion? non! car il me reste des souvenirs et de la honte au cœur! (*Ulric paraît au fond; avant d'entrer, il semble observer s'il n'a pas été aperçu. Mathilde le voit et fait un mouvement.*) Ulric! encore lui, toujours lui, toujours le remords à côté du bonheur.

SCÈNE II.

MATHILDE, ULRIC.

MATHILDE.
Approchez, Ulric...

ULRIC.
Je viens de chez Johann.

MATHILDE *regardant avec crainte autour d'elle.*
Plus bas! plus bas! eh bien...

ULRIC.
Ils sont inquiets de ne pas vous avoir vue depuis plusieurs jours.

MATHILDE, *avec inquiétude.*
Quelqu'un serait-il malade?...

ULRIC.
Non, non, tout le monde va bien.

MATHILDE.
Ils ont peut-être besoin de secours...

ULRIC.
Ils n'ont pour vivre que ce que vous leur donnez chaque mois.

MATHILDE.
Tenez, remettez ces cinquante florins à Johann, et ceci à Kelly. Surtout recommandez-leur toujours le plus grand secret et les plus grands soins.

ULRIC.
Soyez tranquille, madame la comtesse, j'en réponds comme de moi-même.

MATHILDE.
Hier, je m'étais mise en chemin pour me rendre chez eux; mais je m'aperçus que je venais de perdre un de mes bracelets, qui sans doute était tombé dans le bois; je revins sur mes pas pour le chercher, il me fut impossible de le trouver...

ULRIC, *à part.*
Je sais qui l'a ramassé, moi! (*Haut.*) Je vais me mettre à la recherche de ce bijou, avant que votre époux ait pu rien remarquer.

MATHILDE.
Oui, bon Ulric, encore ce nouveau service! je vous en dois tant déjà...

ULRIC, *avec un peu d'ironie.*
Vous ne regrettez donc plus d'avoir suivi mes conseils en épousant le comte?

MATHILDE.
Ah! j'aurais dû ne pas les écouter; car vous m'avez fait commettre une action infâme! Abuser de la confiance et de l'amour d'un homme généreux pour lui donner une main souillée, quand il croit épouser une fille innocente et pure...

ULRIC.

Pardon ; mais il me semble qu'autrefois vous vous jugiez avec moins de sévérité.

MATHILDE.

Oui, oui ! c'est pour cela que je pleure ! Croyez-moi, Ulric, s'il y a une expiation dans les larmes, les miennes ont coulé bien amères ; et ce qui me réconcilie avec moi-même, ce qui me relève à mes propres yeux, c'est bien ce n'est ni l'avidité, ni l'ambition qui m'a décidée à accepter le rang qui m'était offert. Le comte était si malheureux... il me répétait avec de si ardentes prières que moi seule je pouvais encore l'attacher à la vie. Hélas ! comment aurais-je pu résister ?

ULRIC, *ironiquement*.

De sorte que vous l'avez épousé par compassion ?

MATHILDE.

Oui ! je me suis sentie fière en pensant qu'une pauvre créature triste et avilie comme moi pouvait rendre un si noble cœur à l'espérance et à la félicité ! puis, peu à peu les émotions de cette vie nouvelle, ce luxe, ces soins empressés, ce pouvoir que j'exerce sur tout ce qui m'entoure, tout cela m'a fascinée, éblouie ; il m'a semblé que ma vie passée n'était qu'un songe pénible ; je me suis abandonnée doucement au charme de la réalité, je me suis laissée aller au bonheur...

ULRIC, *l'observant*.

Ainsi vous êtes heureuse ?

MATHILDE, *après un soupir*.

Oui !

ULRIC, *avec une intention marquée*.

Et ce passé que vous avez rejeté si loin de vous ne vous inspire plus aucune crainte ?... (*Mystérieusement.*) Cet enfant qui est là, à quelques pas de ce château ?...

MATHILDE, *effrayée*.

Cet enfant ! pourquoi me le rappeler sans cesse, Ulric ? Pauvre orphelin qui ne connaîtras jamais ton père... Ta mère aussi t'a déshérité de son amour ; mais quand le monde te jettera son mépris à la face, quand les tortures de ton âme feront monter la rougeur à ton front, si un cri sort de ta poitrine, si un anathème s'échappe de ta bouche, que ta malédiction retombe sur ton père, sur ce lâche Frédérick Muller, qui me cachait jusqu'à son nom véritable pour être infâme avec impunité !...

ULRIC.

Calmez-vous, Mathilde...

MATHILDE.

Vous n'êtes pas père, Ulric, vous ne sauriez me comprendre... Dieu lui seul a le secret de mes maux ; car moi, je l'aime cet enfant que je repousse ; pour une de ses caresses, pour un de ses baisers, je donnerais mon sang ! Et quand je pense que la destinée de ce pauvre orphelin est confiée au hazard ; quand je me dis qu'un événement, un mot peuvent instruire le comte, oh ! j'ai peur ! j'ai peur pour mon enfant !

ULRIC.

Vous croyez que si le comte apprenait...

MATHILDE.

Il le tuerait, Ulric, il nous tuerait tous les deux. (*Ulric sourit à part*.)

ULRIC.

Peut-être... Stolberg a l'âme grande et généreuse ; qui sait si un aveu sincère ne désarmerait pas sa colère ?

MATHILDE.

Oui, j'ai quelquefois pensé cela ; mais j'ai craint aussi de détruire son bonheur et son repos. Un jour viendra peut-être où Dieu me prêtera la force qui me manque, où j'aurai le courage d'obéir aux instincts de mon cœur ; jusque-là qu'il ignore toujours...

ULRIC.

Vous avez raison, Mathilde ; mais pour que ce secret fatal n'éveille ni le soupçon, ni la curiosité, la prudence exige un sacrifice que votre amour maternel trouvera pénible sans doute. Il faut éloigner cet enfant.

MATHILDE.

Que dites-vous ?

ULRIC.

Il le faut... Norbi vous surveille, il épie vos démarches, il vous suit quelquefois, je l'ai vu. (*Mouvement de Mathilde*.) Rassurez-vous, il ne sait rien encore ; grâce à la rapidité de vos courses nocturnes, le but de votre voyage a jusqu'à présent échappé à ses investigations ; mais un hazard peut lui tout révéler... Vous êtes riche, Mathilde, donnez de l'or à Johann, et dites-lui de gagner les montagnes, plus tard vous le ferez revenir.

MATHILDE.

Me séparer de mon fils !

ULRIC.

Cela ne vaut-il pas mieux que de le perdre ? Aussi bien de nouveaux dangers vont bientôt vous menacer tous deux. Stolberg attend aujourd'hui même plusieurs personnes, des amis, qu'une promenade, une partie de chasse peuvent conduire chez Johann, et alors...

MATHILDE.

Oh, mais comment avez-vous appris ?...

ULRIC, *souriant*.

Que vous importe, si l'avis peut vous être utile ?

MATHILDE.

Vous êtes un homme bien étrange, Ulric ; mais vous m'avez promis de ne jamais m'abandonner, et j'ai confiance en vous. Allez vers Johann de ma part, et faites-lui bien comprendre que la sûreté de mon fils...

ULRIC.

C'est bien, dans quelques heures Johann aura quitté la forêt...

MATHILDE.

Dans quelques heures, dites-vous ? Oh ! non, non, Ulric, demain, cette nuit, s'il le faut ; mais que j'aie le temps d'embrasser mon enfant encore une fois.

ULRIC.

Vous viendrez donc ce soir à la chaumière du bûcheron ?

MATHILDE.

Oui.

ULRIC.

A quelle heure ?

MATHILDE.

A dix heures.

ULRIC.

A dix heures, vous m'y trouverez. (*Stolberg paraît au fond : il parle à la cantonade. Mathilde reste craintive. Ulric s'éloigne en s'inclinant devant le comte.*)

SCÈNE III.

STOLBERG, MATHILDE.

STOLBERG, *à la cantonade*.

Que tout soit prêt dans quelques instants ; allez, Norbi, je m'en rapporte à votre vigilance. (*Il entre.*) Bonjour, Mathilde. (*Apercevant Ulric qui s'éloigne.*) Encore ce mendiant ! tu t'intéresses donc beaucoup à lui !

MATHILDE.

Il m'a sauvé la vie, et puis, il est malheureux.

STOLBERG.

Et c'est un titre auprès de toi ? ah ! tu es l'ange consolateur de toutes les souffrances. (*Ils s'asseyent sur le canapé.*) Mathilde, tous les jours je bénis le destin qui nous a liés l'un à l'autre ; car j'étais dans l'affliction, et tu m'as consolé ; les remords déchiraient mon âme, et mes remords se sont dissipés à l'influence de tes douces paroles. Mathilde, ton arrivée en ces lieux a été pour moi l'aurore d'une vie nouvelle.

MATHILDE.

Ah! si mes soins ont pu apporter un peu de calme dans votre esprit, que ne vous dois-je pas, moi, pauvre orpheline que vous avez recueillie dans la misère pour m'élever jusqu'à vous? oh! la reconnaissance de toute ma vie...

STOLBERG.

Ne prononce pas ce mot-là, entre nous il ne doit y avoir que de l'amour. Orpheline, sans parents, sans amis, sans un être qui pût réclamer de toi un peu de tendresse en échange de la sienne, tu as concentré sur moi toutes tes affections. Oh! c'est moi, Mathilde, qui dois être reconnaissant, moi qui dois te bénir, parce que tu m'as donné un amour jeune et pur en échange d'un cœur flétri par le chagrin et souillé par une passion coupable. Tu as reçu l'aveu de mes fautes, et je n'ai trouvé en toi qu'indulgence et consolation.

MATHILDE.

Eh! qui de nous est assez sûr de soi-même pour aller dire à un pauvre égaré qui se repent: « Il n'y a point de rémission pour toi? » Qui peut se vanter de n'avoir jamais failli? Hélas! nous autres femmes surtout, faibles et fragiles créatures, environnées de tant de pièges, exposées à tant de séductions... Notre vertu est comme un miroir que le moindre souffle ternit; mais la souillure en est éternelle.

STOLBERG.

Oui, le préjugé vous frappe de sa main de fer; notre orgueil ne sait rien vous pardonner.

MATHILDE s'exaltant par degrés.

Et pourtant quelle existence est plus affreuse que celle d'une femme près d'un époux qu'elle a trompé? (Elle se lève.) Vivre là, toujours avec cet homme, n'oser lever les yeux sur lui, dans la crainte qu'il ne lise votre faute dans vos yeux; redouter le sommeil à ses côtés, parce qu'un mot échappé dans la nuit trahirait votre secret; épier chacun de ses regards quand il vous quitte, dans la crainte qu'il n'emporte un soupçon d'auprès de vous; quand il revient, les épier encore pour voir s'il ne rapporte pas une certitude. Chaque mot de bonté qui sort de sa bouche est un reproche qui vous fait mal; chacune de ses caresses une faveur qui vous humilie... Ah! monsieur, il faut être bien forte ou bien avilie pour se résigner à cette existence de honte et de terreur; mais la pauvre femme qui a encore un peu de fierté dans son abjection, un peu de dignité dans son infamie, meurt ou avoue.

STOLBERG, se levant aussi, avec colère.

Elle meurt donc! car son époux doit la tuer. Mais, au nom du ciel, pourquoi de telles pensées, Mathilde, et qu'y a-t-il de commun entre vous et les femmes dont vous parlez? est-ce pour éprouver mon amour ou ma faiblesse?... Oh! vous savez bien que je ne vous tuerais pas, moi, c'est moi plutôt que votre trahison tuerait.

MATHILDE, à elle-même.

Il en mourrait... ah! taisons-nous, taisons-nous!

STOLBERG.

Eh quoi! c'est vous, Mathilde, vous, toujours si attentive à éloigner de moi toute pensée pénible, qui sans motif, cherchez à alarmer mon esprit ombrageux, alors même que je venais à vous, tout fier d'avoir une heureuse nouvelle à vous annoncer.

MATHILDE.

Henri, pardonnez-moi! (Souriant.) Oui, c'est vrai... je ne sais à quel propos...

STOLBERG.

Ah! c'est que, comme moi, tu détestes la fraude et l'imposture; c'est que, comme moi, tu as horreur du vice et de l'hypocrisie! Mais, de grâce, ne viens plus jeter le trouble dans mon âme par de si étranges paroles... (il l'embrasse) folle que tu es!

MATHILDE, à part.

O mon Dieu!

STOLBERG.

Et maintenant je vais te dire ce qui me rendait si heureux tout à l'heure : j'ai reçu une lettre d'Albert.

MATHILDE.

Eh bien! Albert a-t-il obtenu l'avancement qu'il espérait? sans le connaître je m'intéresse à ce jeune homme... il vous avait laissé de pénibles souvenirs, comte.

STOLBERG.

Oui, mais tu as gagné sa cause auprès de moi. Il m'écrit qu'il est colonel et sur le point d'épouser, si j'y consens, une belle et riche héritière, la fille du comte de Moldeu, son général et mon parent. Moldeu et moi nous avons fait la guerre ensemble autrefois. Avant d'unir ces enfants, Molden a voulu me voir, s'entendre avec moi, et Albert l'accompagne, il veut saluer celle qu'il nomme déjà sa mère... Je les attends aujourd'hui même.

MATHILDE.

Aujourd'hui? ah! je suis impatiente de les recevoir.

STOLBERG.

Je n'ai pas besoin de te dire que mon consentement est tout donné d'avance. Outre les avantages que ce mariage assure à Albert, la tendresse et les soins de sa jeune amie modifieront peut-être ce caractère sombre et chagrin qui m'inspirait tant de craintes pour son avenir.

SCÈNE IV.

LES MÊMES, LE COMTE DE MOLDEN.

UN DOMESTIQUE annonçant.

M. le comte de Molden...

STOLBERG.

Qu'il soit le bien-venu! (Il va au-devant du comte.) Mon cher comte, c'est un vif plaisir pour moi que de vous recevoir en ce château.

MOLDEN.

Comme pour moi d'y être venu, pardieu! il y a si longtemps que nous ne nous sommes serrés la main.

STOLBERG, à Mathilde.

Comtesse, je vous présente M. de Moldan.

MATHILDE, saluant.

Général!

MOLDEN.

Madame connaît le motif qui nous amène?

STOLBERG.

Je viens de l'en instruire, et sa joie est égale à la mienne.

MOLDEN.

Ah! vous approuvez donc?

STOLBERG.
Pouvais-je hésiter?

MOLDEN.
A merveille... c'est agir comme je fais toujours : avec franchise...

STOLBERG.
Je regrette que vous ne nous ayez pas amené mademoiselle de Molden... elle était bien jeune quand nous nous sommes perdus de vue, général... mais je n'ai pas oublié qu'elle était déjà charmante...

MOLDEN.
Mais, amour-propre paternel à part, votre fils ne me semble pas trop malheureux...

STOLBERG.
Eh! vous m'y faites songer... où est donc Albert?

MOLDEN.
A notre arrivée au château, il a été entouré de tous vos serviteurs... ces braves gens se pressaient autour de lui avec une joie, un enthousiasme... (*Cris au dehors.*) Tenez, j'entends des acclamations qui annoncent que nous ne tarderons pas à le voir paraître!

SCÈNE V.

Les mêmes, NORBI.

NORBI, *accourant.*
Le voilà! le voilà! dès qu'il m'a aperçu, il m'a sauté au cou en m'appelant son ami... Excellent jeune homme! les grades, les honneurs ne l'ont pas changé... celui-là!

SCÈNE VI.

Les mêmes, ALBERT, VILLAGEOIS ET DOMESTIQUES, *qui précèdent et suivent Albert.*

ALBERT, *se jetant dans les bras de Stolberg.*
Mon père!...

MATHILDE, *à part.*
Grand Dieu! le son de cette voix... (*Effrayée, Mathilde se tient à l'écart et n'ose lever les yeux.*)

STOLBERG.
Albert, je suis content de toi... l'insigne faveur que t'accorde le général parle plus haut que tous les éloges, et j'espère que bientôt rien ne manquera plus à ton bonheur.

ALBERT, *à part.*
Que ne puis-je l'espérer aussi?...

STOLBERG.
Et moi aussi j'ai trouvé le bonheur! Albert, remercie celle à qui je le dois. (*Il le conduit devant Mathilde.*)

MATHILDE, *stupéfiée.*
C'est lui!...

ALBERT, *immobile.*
Mathilde!

STOLBERG.
Eh bien! qu'avez-vous donc tous les deux?

ALBERT, *à part.*
Mathilde mariée à mon père!... infamie! (*Se remettant, et d'une voix pleine d'ironie.*) Ainsi, c'est à madame que je dois désormais le respect et l'amour d'un fils!...

MATHILDE, *avec égarement.*
Monsieur!...

ALBERT, *bas à Mathilde.*
Oh! non, non, madame, je ne vous dois ni amour ni respect, mais je vous dois mon mépris et ma haine...

(*Mathilde chancelle.*)

STOLBERG, *accourant à Mathilde.*
Mathilde!

MATHILDE, *faisant un effort sur elle-même, à part.*
Ne nous trahissons pas!

STOLBERG, *avec sollicitude et jalousie.*
Comme tu es pâle, Mathilde?

MATHILDE.
Pardon... je... je ne me sens pas bien...

STOLBERG.
Mais quelle cause?... un peu d'émotion peut-être... le plaisir de voir mon fils... Allons! rentre un instant dans ton appartement, je vais t'accompagner. (*A Molden.*) Molden, vous m'excusez, n'est-ce pas? Norbi, conduisez le général à son appartement. (*Le général s'incline; au moment où il va sortir, précédé par Norbi, il s'arrête pour serrer la main de Stolberg.*)

MATHILDE, *à part.*
O mon Dieu! soutenez mon courage, et laissez-moi assez de forces pour aller embrasser mon enfant!...

STOLBERG, *s'approchant d'Albert.*
Restez, monsieur, j'ai besoin de m'entretenir avec vous... (*Il va rejoindre Mathilde, et sort avec elle.*)

SCÈNE VII.

ALBERT, *seul.*

Malédiction sur elle et sur moi! Mathilde... Mathilde dans les bras de mon père!... horreur... oh! mais Dieu va me punir, il le doit... et pourtant je ne suis pas coupable, car j'aimais cette femme, je l'aime encore cette femme, et Dieu sait que je ne cherchais dans un autre amour qu'un refuge contre ma passion! Oh! comme elle m'a trompé, comme elle s'est jouée de ma crédulité! et lui, lui, mon père, qui sans doute a deviné ce mystère effroyable, que lui dire, que lui répondre tout à l'heure, quand il va m'interroger? Quoi! pas même une vengeance? mais je me trompe... Ulric... il connaissait tous mes secrets... il savait quels liens m'attachent à Mathilde... et il a laissé s'accomplir cet exécrable hymen!... que dis-je? il l'a préparé peut-être!... car je me souviens maintenant... oui, oui, l'infâme me trahissait aussi! oh! que l'enfer m'envoie cet homme, et je donne mon âme à l'enfer. (*Ulric paraît au fond; Albert jette un cri de joie sauvage.*) C'est lui! (*Il court à Ulric et l'amène violemment sur le devant du théâtre.*)

SCÈNE VIII.

ALBERT, ULRIC.

ALBERT.
Approche, misérable, et réponds-moi?... Tu savais que Stolberg était mon rival?

ULRIC, *calme.*
Oui.

ALBERT, *le saisissant à la gorge.*
Et tu m'as laissé maudire mon père?... ah! tu vas mourir! (*Il lutte avec Ulric qui se dégage facilement et le repousse avec une grande supériorité de force.*)

ULRIC.
Votre bras manque de vigueur, jeune homme! et si je voulais employer la mienne, je vous forcerais à plier le genou devant moi... (*Il prend à son tour le bras d'Albert et force celui-ci à se courber vers la terre.*) Que Dieu vous pardonne de m'avoir outragé?...

ALBERT.
Oh! tu ne m'échapperas pas pourtant. (*Il met la main sur la garde de son épée.*)

ULRIC.
Laissez votre épée au fourreau, Albert? le poids d'un crime est trop lourd pour votre conscience... Pourquoi cet emportement, d'ailleurs, contre un vieillard qu'autrefois vous appeliez votre ami? je suis toujours le vôtre, moi, je n'ai pas changé.

ALBERT.
Mon ami ! toi, vil mendiant, je te méprise et t'abhorre.

ULRIC.
Ce n'est pas moi qu'il faut haïr, Albert ; car si je laissais tomber une parole, vous me béniriez.

ALBERT.
Tu railles, Ulric, mais prends garde...

ULRIC.
Ecoutez-moi : vous souffrez, Albert, parce qu'une femme vous a trahi ; vous souffrez, parce qu'un homme vous a enlevé l'amour de cette femme, et que vous ne pouvez pas vous venger de cet homme, n'est-ce pas ?

ALBERT.
Oui, oh ! oui.

ULRIC.
Eh bien ! si je vous apprenais que la vengeance vous est permise, si je vous disais qu'elle est un devoir...

ALBERT.
Je ne te comprends pas...

ULRIC, *avec force.*
Stolberg n'est pas votre père !

ALBERT, *après un silence.*
Répète !

ULRIC, *avec plus de force.*
Stolberg n'est pas votre père !

ALBERT.
Stolberg n'est pas mon père ! mensonge et calomnie !...

ULRIC.
Oh ! je savais bien que vous seriez incrédule ; mais je puis vous convaincre, Albert...

ALBERT.
Parle donc, car je ne te crois pas.

ULRIC, *d'un ton confidentiel.*
Et si votre père vous le disait lui-même, le croiriez-vous alors ?...

ALBERT.
Lui-même... où est-il, où est-il ? je veux le voir sur-le-champ, je veux connaître mon père ! Conduis-moi vers lui, Ulric, et c'est alors que je te bénirai.

ULRIC.
Pas encore...

ALBERT, *avec une ironie amère.*
Pas encore ?... tu vois bien que tu me trompais, Ulric !

ULRIC.
Insensé ! venez ce soir à dix heures chez Johann, le bûcheron de la forêt d'Eyzebach.

ALBERT.
Pourquoi ?...

ULRIC.
Votre père y sera... *(Albert resté étourdi ; Ulric gagne le fond, et, se retournant, répète d'une voix solennelle :)* A dix heures ! *(Il disparaît.)*

SCÈNE IX.
ALBERT, *seul.*

Stolberg n'est pas mon père, a-t-il dit ? merci, ô mon Dieu, qui n'avez pas voulu que mes fautes devinssent des crimes... Je puis haïr maintenant... haïr et me venger d'eux tous... Mais mon père, mon père, quel est-il ?... Ulric m'a caché son nom... et il me faut encore attendre avant de le connaître... attendre ! mais c'est un supplice, une torture au-dessus des forces humaines ! ah ! Stolberg, Stolberg, viens donc ! je saurai bien te contraindre à me dévoiler le secret de ma naissance...

SCÈNE X.
ALBERT, STOLBERG, *soucieux et très préoccupé.*

STOLBERG, *à lui-même.*
Je n'ai rien pu apprendre d'elle, et cependant leur trouble à tous deux ne m'a pas échappé. Albert sera moins discret peut-être...

ALBERT, *à part.*
Le voici... je ne sais pourquoi il s'impose encore... Si Ulric s'était joué de ma crédulité ?

STOLBERG, *à Albert avec autorité.*
Albert, vous avez vu la comtesse Mathilde aujourd'hui... mais vous la connaissiez auparavant ?... *(Silence d'Albert.)* Répondez ?...

ALBERT, *avec quelque hésitation.*
Que vous importe ? qui vous donne le droit de m'interroger ?...

STOLBERG, *surpris.*
Q'entends-je ? ce langage...

ALBERT, *avec plus de fermeté.*
Est celui qui me convient... Qui êtes-vous pour vouloir m'écraser de votre despotisme ? d'où vous vient ce pouvoir que vous vous arrogez sur moi ? *(Il s'approche de Stolberg et le regarde avec hauteur.)* A votre tour, répondez donc, comte de Stolberg ?

STOLBERG, *tout déconcerté.*
Mais, en vérité, je ne puis comprendre...

ALBERT, *avec une grande joie.*
Ah ! vous n'êtes pas mon père !...

STOLBERG, *terrifié.*
Que dites-vous ?

ALBERT.
Non, vous n'êtes pas mon père, car vous voilà pâle et tremblant devant moi qui vous accuse d'avoir usurpé la puissance et l'autorité paternelle. Eh bien ! voyons, M. le comte de Stolberg, qui suis-je ? car, grâce à vous, je ne connais encore ni mon nom, ni ma famille ; seulement j'ai appris que ma mère était morte, et mon père, M. le comte, est-il mort aussi ? était-il riche ? alors j'ai une fortune à dépenser ; était-il pauvre ? j'ai une fortune à faire ; m'a-t-il transmis un de ces beaux noms qui traversent les siècles sans une tache à leur renommée, sans une souillure à leur écusson ? en ce cas je dois songer à le transmettre pur et intact à mes enfans qui m'en demanderont compte un jour... Que si, au contraire, j'ai à rougir de mon origine, il faut que j'efface les torts de ma naissance par la gloire de mes actions !... Encore une fois, M. le comte, répondez... mais répondez donc ?...

STOLBERG.
Eh bien ! non, je ne suis pas votre père. Vous êtes un orphelin que j'ai recueilli par pitié, et j'avais cru que ma sollicitude, ma tendresse pour vous me donnaient le droit de préparer votre avenir...

ALBERT.
Mais pourquoi tant de sollicitude et de tendresse ? voilà ce que je vous demande et ce que je veux savoir...

STOLBERG.
Ingrat !...

ALBERT.
Ah ! ne croyez pas m'abuser par de grands mots... je me défie de vous, comte de Stolberg, et si vous avez pris soin de mon enfance, c'est qu'une cause dont vous rougissez peut-être vous en faisait un devoir...

STOLBERG.
Prenez-y garde, Albert, j'ai jusqu'à présent fermé les yeux sur bien des fautes ; mais il pourrait arriver le jour où je vous retirerais l'appui qui vous soutient.

ALBERT.
Ai-je mendié votre protection ? Dieu merci, j'ai une épée, des bras et du cœur ; je saurai bien m'assurer quelque part une existence que je ne devrai pas à votre charité.

SCÈNE XI.

Les mêmes, MOLDEN, *qui reste au fond et écoute.*

STOLBERG, *sans voir Molden.*

Ah! c'en est trop, à la fin! Albert, vous oubliez que je suis le maître, ici, et que je puis chasser de chez moi l'insolent qui m'outrage... Sortez!...

MOLDEN, *avançant en scène.*

Pas encore!... ce jeune homme a demandé la main de ma fille, et j'ai le droit d'apprendre comment il a osé s'attirer le courroux de son père...

ALBERT, *exaspéré.*

Cet homme n'est pas mon père, général! (*Avec une froide politesse.*) Et maintenant que je suis libre, je renonce à la main de votre fille! (*Il veut sortir, Molden l'arrête.*)

MOLDEN.

Restez, monsieur, restez. (*A Stolberg.*) Comte de Stolberg, ce que dit le colonel est-il la vérité?..

STOLBERG, *accablé.*

C'est la vérité!.. (*Il tombe sur un fauteuil.*)

MOLDEN, *à Stolberg.*

Alors je ne vous demanderai pas encore l'explication de cette scène étrange... (*A Albert.*) Mais vous, monsieur, vous venez de faire à ma fille et à moi un affront dont mon épée seule peut effacer la souillure.

ALBERT.

Pardon, général... mais le désordre de mon esprit ne m'a pas permis de calculer la portée de mes paroles... je suis sous le poids d'un infernal mystère qui me sera dévoilé bientôt... et alors je vous donnerai toutes les explications que vous pourrez exiger...

MOLDEN.

Ce ne sont pas des explications que je demande; des excuses même ne me suffiraient pas!..

ALBERT.

Mais, mon général...

MOLDEN.

Il n'y a ni général ni colonel ici, monsieur; il n'y a ici ni supérieur ni subordonné... il y a deux hommes dont l'un a outragé l'autre, deux hommes qui portent une épée et qui savent s'en servir...

ALBERT, *avec hauteur.*

Eh bien, soit! monsieur, puisque vous le voulez absolument, demain, au lever du soleil, je vous attendrai à la grille du parc... vous choisirez les armes...

MOLDEN.

Demain?... et pourquoi attendre jusque là?

ALBERT.

Parce que j'ai cette nuit ma destinée à connaître, et que demain je pourrai dire à cet infâme plus de choses que ni vous ni lui ne voudriez en entendre! (*Il sort.*)

SCÈNE XII.

STOLBERG, MOLDEN.

MOLDEN, *se plaçant devant Stolberg.*

Nous sommes seuls, comte de Stolberg, je vous écoute...

STOLBERG.

Ah! mon ami, plaignez-moi...

MOLDEN.

Moi, votre ami! vous vous trompez, monsieur!

STOLBERG, *avec douleur.*

Molden, voulez-vous donc aussi m'abandonner?.., ne vous semblé-je donc pas assez malheureux?

MOLDEN.

Il ne s'agit pas de vos malheurs en ce moment, il s'agit de mon honneur que vous avez compromis... Albert n'est ni votre fils, ni votre héritier; et c'est à l'unique, au dernier rejeton d'une des plus nobles familles d'Allemagne, que vous alliez unir un aventurier... un inconnu... que sais-je? votre bâtard, peut-être!...

STOLBERG.

Ah! comte de Molden... vos reproches sont bien injustes et bien cruels! Si vous saviez de quelle amertume vous inondez mon cœur... vous auriez pitié de moi...

MOLDEN.

Vous me faites pitié, en effet... Mais l'empereur connaîtra votre conduite, monsieur; il apprendra le cas que vous faites de la bonne et fidèle noblesse de son empire... Au revoir, monsieur le comte de Stolberg (*il s'éloigne et se retourne au moment de sortir*), au revoir, et non pas adieu encore, car lorsque j'aurai châtié le jeune insensé qui me bravait tout à l'heure, je viendrai vous demander compte de la flétrissure que vous prépariez à mon nom!... (*Il sort.*)

SCÈNE XIII.

STOLBERG, *seul.*

Et lui aussi!... ô mon Dieu, votre colère est implacable, et vous punissez longtemps! N'ai-je donc pas épuisé le calice de mes misères, et me reste-t-il encore une douleur à éprouver?

SCÈNE XIV.

STOLBERG, NORBI.

STOLBERG.

Ah! te voilà, Norbi, mon vieux et loyal serviteur!... j'avais tort d'accuser le ciel, tu es son ami fidèle, toi, et tu n'abandonnes pas ceux qui souffrent au jour de leur adversité...

NORBI.

Monseigneur a raison de ne pas douter de mon attachement... et je venais lui en donner une preuve...

STOLBERG.

Norbi... Dieu se venge... Albert sait tout... et je l'ai chassé...

NORBI.

Quoi! monseigneur?...

STOLBERG.

Je l'ai chassé, et je ne le reverrai plus jamais... Tu sais combien je l'aimais, Norbi; tu sais que j'avais reporté sur cet enfant tout l'attachement qu'm'avait inspiré sa mère... eh bien! il est parti... parti... après m'avoir jeté le trouble à l'âme et les soupçons au cœur...

NORBI.

Des soupçons?.. que voulez-vous dire?..

STOLBERG.

Ah! c'est horrible... et je voudrais me cacher à moi-même ce que j'éprouve... mais j'étais là... je les ai vus tous deux pâlir et balbutier en présence l'un de l'autre.. Norbi, elle le connaissait!.. elle l'aimait, peut-être...

NORBI.

Au nom du ciel, de qui parlez-vous?

STOLBERG, *éclatant.*

De la comtesse! de Mathilde!

NORBI.

Grand Dieu!... mais vous vous trompez, monseigneur, madame la comtesse n'aime pas M. Albert, qui n'est au château que depuis quelques heures à peine...

STOLBERG, *d'une voix tonnante.*

Elle n'aime pas Albert, dis-tu; crois-tu donc qu'elle en aime un autre?..

NORBI, *s'exaltant.*
Ah! monseigneur... vous donnez à mes paroles un sens qui est loin de ma pensée... Je n'ai pas dit cela...
STOLBERG.
Mais tu me l'as fait comprendre, à moi!
NORBI.
Pardon, monsieur le comte... permettez-moi de me retirer...
STOLBERG.
Reste, Norbi, tu me caches quelque chose... explique-toi.
NORBI.
Mais qui peut vous faire supposer... car enfin, à peine si mes conjectures...
STOLBERG.
Ah! tu vois bien...
NORBI.
J'aurais tort de troubler inutilement votre repos... d'autant plus que c'est un fait sans importance.
STOLBERG.
Mais tu vois bien, malheureux, que tu me fais mourir d'impatience! Parle, voyons, parle! je l'exige, je te l'ordonne!
NORBI.
Eh bien, monseigneur, souvent... la nuit, quand toutes les lumières sont éteintes au château, une femme sort furtivement...
STOLBERG.
Une femme?...
NORBI.
Seule, craintive et tremblante, se retournant à chaque pas, cherchant les lieux où le feuillage est le plus sombre et le plus épais... elle s'enfonce dans la forêt d'Eyzebach...
STOLBERG.
Une femme!
NORBI.
Je l'avais aperçue ainsi plusieurs fois en faisant mes rondes nocturnes, et j'avais essayé de la suivre, mais les précautions dont il fallait m'entourer, et la vieillesse qui a brisé mes forces, m'ont toujours empêché de l'atteindre.
STOLBERG.
Tu n'as pas dit quelle est cette femme?
NORBI.
Hier encore je l'ai vue, je l'ai suivie, et elle m'a encore échappé.
STOLBERG.
Mais cette femme, cette femme... quelle est-elle?
NORBI.
C'est...
STOLBERG, *avec force et l'interrompant.*
Tu mens!
NORBI, *tirant de sa poche un bracelet qu'il remet à Stolberg.*
Prenez, monseigneur...
STOLBERG.
Qu'est-ce?.. un bracelet!.. le sien!.. malédiction!..
NORBI.
Ulric, le mendiant, me l'a rapporté tout à l'heure... il l'avait trouvé dans la forêt.

STOLBERG.
Oh! plus de doute à présent... Mathilde, Mathilde, si jeune et si fausse, si belle et si corrompue... Oh! ramassez donc une femme dans la boue pour en faire votre idole!.. faites-la grande de toute votre grandeur, riche de toute votre richesse, heureuse de tous les bonheurs que vous pourrez inventer pour elle... puis, en échange de tant de bienfaits, donnez-lui votre honneur à garder, votre vie à embellir, votre cœur à consoler... et cette femme traînera votre honneur dans la fange... cette femme empoisonnera en un jour tous les jours de votre vie... cette femme tordra votre cœur pour en arracher tous ce qu'il y restait d'amour et d'espérance... Oh! Mathilde, Mathilde... (*Il cache sa figure dans ses mains et sanglote.*)
NORBI, *le pressant dans ses bras.*
Mon maître, mon bon maître...
STOLBERG, *avec une douleur plus calme.*
Mathilde... une femme devant laquelle je me serais agenouillé comme devant une madone! un céleste visage qui rougissait comme celui d'une vierge sous le regard d'un homme! une voix si douce et des yeux si purs, qu'un ange aurait envié le son de sa voix et le charme de ses yeux... Oh! de quels pièges a-t-on dû l'entourer pour faire tomber tant de vertus, pour flétrir tant de pureté!.. Quel est l'infâme qui me l'a séduite? Son nom... son nom!.. la moitié de ma vie pour le nom de cet homme...
(*Dix heures sonnent.*)
NORBI.
Mais, monseigneur, ne peut-elle pas être innocente encore? les apparences qui l'accusent peuvent nous tromper.
STOLBERG.
Oh! oui, n'est-ce pas, mon vieux Norbi, oui, elle doit être innocente. Eh bien! voyons, tu es calme, toi, tu es maître de tes idées, réfléchis pour moi, prouve-moi qu'elle n'est pas coupable. (*Il marche avec agitation et s'arrête devant la fenêtre, puis il pousse un cri.*) Norbi... (*Norbi s'approche.*) Tiens... vois, là-bas, cette forme blanche qui se glisse sous les arbres...
NORBI, *regardant.*
C'est ainsi que j'ai souvent rencontré madame la comtesse.
STOLBERG.
Oh! grâce au ciel, je vais donc approfondir ce mystère d'infamie! (*Stolberg éteint les lumières; il ouvre un meuble et en tire deux pistolets, puis il fait quelques pas pour sortir; Mathilde passe au fond, regarde si elle n'est pas suivie, et sort.*)
(Nuit à la rampe.)
NORBI, *avec anxiété.*
Monseigneur, qu'allez-vous faire?
STOLBERG.
La suivre! (*Il s'élance dehors; Norbi veut le suivre, Stolberg le lui défend par un geste et s'éloigne.*)

FIN DU DEUXIÈME ACTE.

ACTE TROISIEME.

Le théâtre représente la cabane de Johann, dans la forêt d'Eyzebach ; porte d'entrée au fond ; portes latérales ; ameublement grossier. — Il est nuit ; une lampe fumeuse éclaire seule la scène.

SCÈNE PREMIÈRE.

ULRIC, *seul, méditant.*

Oui, les événemens ont débordé ma volonté : dans quelques instans, Albert et Mathilde vont se revoir face à face ; mais quand la terrible vérité leur sera connue, ils me maudiront peut-être... et pourtant le ciel, que je n'ose plus implorer, le ciel sait tout ce qu'il y avait dans mon ame de tendresse et de pitié pour ces deux complices de ma vengeance. Ils me plaindront, ils me pardonneront... je l'espère du moins ; mais Dieu, le Dieu vengeur, me pardonnera-t-il, à moi, qui n'ai pas su pardonner ?

SCÈNE II.

ULRIC, JOHANN.

JOHANN.

J'arrive de la ville, Ulric ; dans une heure tout sera prêt pour le départ ; et la voiture nous attendra à l'entrée du bois.

ULRIC.

Bien ; et maintenant tu vas me laisser, Johann ; j'attends ici quelqu'un. Dans une heure tu feras un éternel adieu à la forêt d'Eyzebach ; une heure encore, Johann, et toi, pauvre vassal du comte de Stolberg, tu auras reconquis ton indépendance et ta liberté. Dans une heure, Johann, tu seras devenu un homme : jusque-là, sois encore obéissant et soumis comme un esclave.

JOHANN.

Ulric, vous cachez dans votre ame des secrets de damné qui épouvantent la mienne. Vous m'avez dit qu'il me fallait quitter cette cabane, et je suis prêt à fuir, parce que vous, Ulric le mendiant, vous avez acheté mon obéissance par des largesses de grand seigneur ; mais vous m'avez dit aussi qu'il me fallait partir avec l'enfant de la comtesse, et je vous demande pourquoi vous voulez que j'enlève un enfant à sa mère ? car je suis un esclave, Ulric, un serf, et vous avez raison de le dire ; mais il y a un cœur d'homme libre dans ma poitrine, et je ne veux pas voler à une malheureuse mère les joies que Dieu lui a réservées...

ULRIC, *souriant.*

Tu veux te vendre plus cher, Johann ? eh bien, sois tranquille, on ne te marchandera pas sur le prix. Ecoute, cette nuit va te révéler d'étranges choses, peut-être : bientôt tu sauras quel lourd fardeau de douleurs le crime d'un seul homme a jeté sur tous ceux que cet homme a connus, sur tous ceux qu'il a aimés ! Johann, ta discrétion m'est connue depuis longtemps, car c'est chez toi que j'ai conduit Mathilde... la jeune fille délaissée qu'une faute allait rendre mère ; c'est ta femme qui a pris soin de l'enfant de la jeune fille que j'ai faite grande dame, moi, que j'ai rendue riche et puissante ; la comtesse va venir et vous fuirez tous ensemble. (*Il lui donne une bourse.*) Tiens, prends ceci, Johann, il y a dans cette bourse plus d'or que tu n'en as jamais rêvé, et ce n'est là pourtant qu'une faible part de ce que tu dois attendre de la reconnaissance de ceux que tu ne connais pas encore.

JOHANN, *hésitant.*

Mais cet or, entre vos mains...

ULRIC.

Prends donc ! il est à toi puisque je te le donne ! (*Il jette la bourse aux pieds de Johann.*)

JOHANN, *la ramassant, étonné.*

J'en emploierai une partie à faire dire des prières pour le salut de votre ame, Ulric... (*Ulric sourit tristement.*) Ainsi, madame la comtesse viendra ce soir ?

ULRIC.

Oui, oh ! oui, elle viendra, car je lui ai jeté au cœur une terreur immense : en ce moment, Mathilde tremble pour les jours de son fils, tu vois bien qu'elle viendra ! Oh ! mais un autre, un autre aussi viendra, j'espère : Norbi est un serviteur trop fidèle et trop dévoué pour taire un soupçon qui compromet l'honneur de son maître ! Et quand il sera venu, celui-là, quand j'aurai empoisonné sa vie et fait saigner son cœur, c'est alors que tu t'éloigneras, Johann, en arrachant à l'infame ceux qu'atteindrait sa haineuse fureur !

JOHANN.

Je n'ose vous comprendre, Ulric, car il me semble qu'au bout du chemin que je vais prendre, il y a une potence qui menace mon cou.

ULRIC.

Stolberg aura le bras trop court pour t'y attacher, Johann, et tu as deux protecteurs pour te défendre. (*On frappe à la porte du fond.*) Déjà Mathilde ?

JOHANN.

Non, ce n'est pas madame la comtesse, parce qu'elle entre toujours par la porte du ravin. Faut-il ouvrir ?

ULRIC.

Sans doute ; ne t'ai-je pas dit que j'attendais quelqu'un ? (*Johann ouvre.*)

SCÈNE III.

LES MÊMES, ALBERT.

ALBERT, *au fond.*

C'est ici la demeure de Johann le bûcheron ?

ULRIC.

Oui ; approchez, monsieur Albert. (*A Johann.*) Laisse-nous, Johann, et préviens ta femme de ce qui se passe.

(*Johann sort après avoir fermé la porte.*)

SCÈNE IV.

ALBERT, ULRIC.

ALBERT.

Me voici, Ulric : où est mon père ?

ULRIC.

Il sera bientôt devant vous, Albert !

ALBERT.

J'ai hâte de le voir et de me connaître moi-même ; mais, en attendant qu'il vienne, explique-moi pourquoi tu m'as laissé flotter si longtemps entre deux devoirs également impérieux et si opposés l'un à l'autre ?

ULRIC.

C'est que le moment n'était pas venu encore de vous instruire, Albert ; c'est que pour s'attaquer à ceux qui sont forts et puissants, il faut être fort et puissant comme eux ; c'est qu'il fallait maîtriser les événemens et dompter la destinée d'un homme avant de faire descendre la vengeance sur sa tête.

ALBERT.

Parle !

ULRIC.

Prenez-y garde, colonel ; cette heure est grave

dans votre vie ; des devoirs sacrés vont vous être tracés...

ALBERT, *s'asseyant.*
Je l'écoute.

ULRIC, *s'asseyant auprès de lui.*
Il y a vingt-trois ans que vivaient à Stuttgard deux jeunes gens, tous deux nobles, tous deux riches, tous deux officiers dans le même régiment. Une conformité de goûts et de caractère les avait liés l'un à l'autre, ils s'aimaient avec tout l'abandon de la jeunesse ; tout leur était devenu commun, leurs peines comme leurs plaisirs, leur honneur comme leur fortune. Cette amitié durait depuis deux ans déjà, lorsque l'un d'eux fut obligé de s'absenter pour aller fermer les yeux de sa mère mourante... quelques jours après ce départ, la jeune comtesse Amélie de Ruswal fut présentée dans le monde...

ALBERT, *se rapprochant d'Ulric.*
Amélie... c'est ainsi, m'a-t-on dit, que se nommait ma mère !

ULRIC.
C'était une belle et gracieuse femme, une de ces créatures angéliques comme en rêvent les peintres et les poètes. Tous les jeunes seigneurs de la cour l'entourèrent de leurs hommages ; mais l'homme que son cœur préféra fut celui des deux amis qui était resté à Stuttgard. Bientôt l'heureux amant reçut la main d'Amélie, et dans sa joie, se souvenant de celui qui avait si longtemps partagé toutes les émotions de sa vie, il le pressa de venir être témoin de son bonheur... mais celui-ci ne put être de retour qu'au bout d'une année entière... Amélie avait alors donné le jour à un fils... (*Albert se rapproche encore.*) Tu m'écoutes, Albert ?

ALBERT.
Oui, oh ! oui, continuez.

ULRIC.
Grande fut la joie de ces deux hommes en se revoyant après une si longue séparation... l'époux d'Amélie surtout ne pouvait assez remercier le ciel de lui avoir donné à la fois un fils bien-aimé, une femme accomplie et un ami fidèle... Ils recommencèrent à vivre ensemble avec leur intimité d'autrefois, et des jours de confiance et de paix coulèrent encore quelque temps pour les trois êtres si tendrement unis par le cœur ; puis l'époux partit pour un court voyage, laissant son épouse et son fils sous la sauve-garde de l'amitié... Quand il revint, il ne retrouva plus ni sa femme, ni son enfant, ni son ami... (*Ils se lèvent.*)

ALBERT.
Oh ! c'est affreux... mais mon père, mon malheureux père... car je vous ai compris, Ulric, n'est-ce pas que je vous ai bien compris ?.. mon père, que fit-il, que devint-il ?

ULRIC, *solennel.*
Eh ! qu'aurais-tu fait à ma place, toi-même ?..

ALBERT.
Grand Dieu !.. quoi, Ulric..,

ULRIC.
Il n'y a plus d'Ulric, il n'y a plus de mendiant ici... celui qui est devant toi, Albert, porte un nom cité parmi les noms les plus illustres de la Souabe. (*Il se dépouille des haillons qui le couvrent, et laisse voir un brillant et magnifique costume. Surprise d'Albert.*) Arrière, arrière cette hideuse livrée de l'indigence et de la misère... je reprends enfin le rang qui m'appartient dans le monde ! Oui, moi aussi, j'ai des richesses, des terres, des vassaux ; moi aussi, je suis noble et puissant ; Albert, je suis ton père, et l'on m'appelle le baron de Muldorff.

ALBERT, *se jetant dans les bras de M. Idorff.*
Mon père, vous ! (*Il tombe à ses genoux.*) Eh bien, mon père, grâce, grâce pour ma mère !

MULDORFF.
Dieu l'a jugée, Albert, espérons en sa clémence.

ALBERT.
Il a eu pitié de ses remords ; mais vous, mon père ?

MULDORFF.
Je ne l'ai jamais revue ! Pendant de longues années, j'ai suivi les traces du ravisseur sans l'atteindre, et lorsqu'enfin j'y suis parvenu, Amélie était morte sous le poids de sa faute, et toi, tu étais devenu l'enfant adoptif de Stolberg.

ALBERT.
Et je me reprochais la haine qu'il m'inspirait, le misérable !

MULDORFF.
Alors il me vint à l'idée une de ces pensées horribles comme l'enfer seul peut faire éclore dans le cerveau d'un homme. Cet enfant qui était là, près de lui, ce fils bien-aimé, le seul lien qui m'attachât à la vie, je le destinai à devenir l'instrument de ma vengeance, et j'étouffai la voix de mon cœur : je refoulai ma tendresse dans le fond de mon ame... Je te vis, mon fils, passer près de moi sans te dire : « Je suis ton père. » Je vis mon ennemi t'entourer de ses soins, te prodiguer ses caresses, t'aimer, et je le laissai aimer mon enfant !... j'attendais...

ALBERT.
Comme vous avez dû souffrir !

MULDORFF.
Oui, mais j'étais là... je te voyais tous les jours... je captivais ta confiance, ton amitié... je m'emparais de ta jeune intelligence... je jetais dans ton esprit des soupçons contre celui qui m'avait outragé... j'attisais contre lui l'aversion qu'un généreux instinct de la nature t'avait mise au cœur... je plantais les jalons de ma vengeance... (*Albert sanglotte.*) Tu pleures, enfant ? oh ! je voudrais bien pleurer aussi, moi... le désespoir a depuis longtemps tari ma paupière... Oh ! tu ne sais pas tout encore, Albert.. tu grandissais sous mes yeux... tu atteignis enfin l'homme, et ce fut alors que je m'occupai de rendre à l'auteur de tous mes maux infortune pour infortune, déshonneur pour déshonneur... A deux lieues du château vivait une jeune fille... si belle qu'on s'éprenait d'amour en la voyant, si coquette que son premier pas dans la vie avait été une chute...

ALBERT.
Mathilde !...

MULDORFF.
Je la jetai sur ton passage, tu l'aimas, et elle répondit à ton amour ; plus tard, quand elle fut à toi, je la dérobai à tous les yeux pour la rapprocher de Stolberg... Le hazard, l'enfer peut-être secondèrent mes desseins, et la maîtresse de mon fils devint la femme de mon ennemi... tu sais le reste... Mais toi, mon Albert, toi, le seul être que j'aime dans l'univers, toi, mon dernier, mon unique espoir... j'ai impitoyablement déchiré ton ame, je t'ai abreuvé d'angoisses et d'amertumes... ah ! je souffrais bien en te voyant souffrir... chacune de tes larmes retombait sur mon cœur...

ALBERT.
Ah ! vous êtes trop vengé...

MULDORFF.
Non, oh ! non, pas encore... car il m'a enlevé Amélie, et Mathilde est encore près de lui !

ALBERT.
Elle n'y restera pas... me croyez-vous assez lâche pour le souffrir ? et cette femme n'est-elle pas à moi ?..

MULDORFF.
Pour elle aussi l'heure de l'expiation a sonné, Albert... la solitude éveille le repentir, et Dieu reste neutre dans cette lutte horrible... (*S'interrompant à part.*) Mais non, ne lui confions pas mon projet ; il l'aime encore, peut-être... (*Haut.*) Dans un instant la comtesse sera ici.

ALBERT.
Ici, elle? et que vient-elle y faire?
MULDORFF, *désignant la gauche.*
Là est un pauvre enfant qui n'a jamais reçu les baisers de son père, et que sa mère ne peut voir que la nuit, en se cachant à tous les yeux. Cet enfant, c'est le tien, Albert, et cette mère, c'est Mathilde...

ALBERT.
Mon enfant... Mathilde... quoi! tous deux ici? ah! c'est le ciel qui nous réunit...

MULDORFF.
Et maintenant, Albert, adieu...

ALBERT.
Où allez-vous?

MULDORFF.
Je vais chercher Stolberg!

ALBERT.
Que dites-vous, mon père? oubliez-vous donc que Mathilde va venir, et que mon enfant est là?

MULDORFF.
Oublies-tu donc toi-même que je dois me venger?

ALBERT.
De grâce...

MULDORFF.
Adieu.

ALBERT, *voulant l'arrêter.*
Mon père, de grâce...

MULDORFF, *le repoussant.*
Laisse-moi!... (*Il sort.*)

SCÈNE V.

ALBERT, *seul.*

Mon père, mon père, vous avez été bien malheureux, mais vous êtes bien cruel! oh! je comprends maintenant que vous vouliez une vengeance atroce, comme l'a été votre injure; mais que je m'y associe, moi, en laissant traîner dans la fange celle qui m'a aimée, celle à qui je dois mon enfant? oh! non, non, mon père, cela ne sera pas, et je l'arracherai aux ignobles douleurs que vous lui réservez! Mathilde, Mathilde, hâte-toi! n'y a-t-il donc au fond de ta pensée rien qui t'avertisse des dangers que tu cours?

SCÈNE VI.

ALBERT, MATHILDE *au fond.*
MATHILDE, *elle s'avance péniblement et en désordre sans voir Albert.*
Oh! mes forces sont brisées comme mon courage! mon Dieu, mon Dieu, comment pour faire cacher mon fils, pour le dérober à la colère de mon époux?... car si Stolberg n'a que des doutes aujourd'hui; demain peut être il aura une certitude... Que Dieu protége la mère et l'enfant! (*Elle tombe accablée sur une chaise.*)

ALBERT, *qui s'est approché de Mathilde après l'avoir regardée longtemps en silence.*
N'y a-t-il donc pas, ici-bas, un autre protecteur que vous devez d'abord invoquer, Mathilde?

MATHILDE, *étonnée.*
Que vois-je, vous, Albert! vous ici?

ALBERT.
N'est-ce pas un devoir sacré pour moi comme pour vous que de venir visiter la cabane du pauvre bûcheron?... vous voyez bien que votre secret m'est connu, madame...

MATHILDE.
Mon secret! c'est vous qui me rappelez que la naissance de l'enfant a été un secret pour le père?... mais vous avez donc perdu la mémoire du passé, Albert? vous ne vous souvenez donc plus qu'après être venu à moi sous un nom qui n'était pas le vôtre, vous avez disparu, quand il a fallu donner votre nom à notre enfant.

ALBERT.
Mathilde, Mathilde! ce reproche serait infâme s'il était mérité, mais vous savez bien que c'est vous qui m'avez abandonné!

MATHILDE, *se levant.*
Vous ne l'avez pas cru, Albert; car je portais dans mon sein le gage de notre amour; et une mère ne trahit pas le père de son enfant! ce fut Ulric, votre confident et le mien, qui pour me faire échapper à ma honte, me fit quitter Barnheim; ce fut lui qui m'amena chez Johann, où chaque jour je vous attendais... où vous n'êtes jamais venu!

ALBERT.
N'achevez pas !... (*à part.*) O mon père, mon père!

MATHILDE.
Ah! vous avez peur de vos souvenirs, n'est-ce pas, à cette heure; mais il faut bien que j'exhume les miens, moi; il faut bien que vous sachiez ce que vous m'avez fait éprouver d'angoisses et de tortures! votre trahison, monsieur, a failli me coûter la vie; elle m'avait rendue folle, et je serais morte si Ulric n'eût soutenu mon courage... il me disait toujours que vous reviendriez... et j'avais confiance; car je vous aimais... Peu de temps après ma délivrance, il s'en vint, une nuit, m'annoncer qu'il vous avait rencontré dans les alentours de Barnheim... il allait essayer de vous revoir, de vous fléchir... quoique faible et souffrante, je voulus l'accompagner, mais l'air soufflait si vif sur la montagne, et la neige tombait si froide que je perdis connaissance... quand je revins à moi, j'étais chez un homme dont je ne prononce plus le nom qu'avec terreur, j'étais chez le comte de Stolberg... il m'aima; il était malheureux aussi lui! A moi, pauvre fille perdue et flétrie déjà, il offrit sa main! — Oh! alors, je l'avouerai, Albert: la vanité, l'ambition, me saisirent au cœur... et puis, notre enfant recevait de la pitié d'autrui ce que ma misère ne pouvait plus lui offrir... mais pourquoi chercher des excuses à mes torts? je sentais peut-être que je commettais une faute; mais à coup sûr j'eusse reculé devant un crime! la fatalité a fait le reste... D'un autre que Stolberg, je pouvais être la femme encore; car j'avais dans l'âme assez de vertus pour me dévouer à son bonheur... mais devenir son épouse, à lui, à votre père! horreur...

ALBERT.
Rassurez-vous, Mathilde, Dieu n'a pas permis que ce crime épouvantable s'accomplît.

MATHILDE.
Que dites-vous? mais c'est impossible... et vous avez pitié de moi...

ALBERT.
Je dis la vérité.

MATHILDE, *avec joie.*
Ah! (*redevenant triste.*) Mais comment se fait-il?...

ALBERT.
Oh! ce serait une histoire trop longue à vous raconter, et l'heure nous presse, Mathilde... maintenant que nous sommes réunis, rien ne pourra plus nous séparer de notre enfant.

SCÈNE VII.

LES MÊMES, JOHANN.
JOHANN, *accourant.*
Ulric... la voiture est arrivée... (*cherchant de l'œil.*) Où est Ulric?

ALBERT.
Il nous a quittés, Johann! mais cette voiture, à quel usage était-elle destinée?

JOHANN, *hésitant.*
Je ne sais si je dois.

ALBERT.
Tu peux parler sans crainte, Johann, je suis le suis le fils d'Ulric ! *(Mouvement de Mathilde.)*

JOHANN.
Vous ? un officier !

ALBERT.
Moi, le colonel Albert, fils du baron Ulric de Muldorff.

MATHILDE, *à part.*
Dieu soit béni !

JOHANN.
Ah ! je me doutais bien qu'Ulric... je veux dire, monsieur le baron me cachait quelque chose.

ALBERT.
N'importe, tu dis donc que cette voiture ?...

JOHANN.
Devait assurer la fuite de madame la comtesse et du petit, que nous allions, ma femme et moi....

ALBERT, *à part.*
Ah ! mon père ! ô mon Dieu ! je vous avais mal jugé ! *(Haut.)* Hâte-toi donc d'aller chercher ta femme et l'enfant, car moi aussi je m'exile avec vous...

JOHANN.
C'est bien... *(Il sort.)*

MATHILDE.
Vous, Albert, nous suivre, oh ! non, non, vous savez bien que cela n'est plus possible ?...

ALBERT.
Qu'entends-je, Mathilde ! vous voulez que je me sépare de vous quand le ciel lui-même a pris soin de nous réunir ?

MATHILDE.
Le ciel a été bon et clément pour nous, Albert ; il nous laisse le temps du repentir... oh ! puisse cet aveu de mes fautes désarmer sa colère ! oui, je fuirai, moi ! je fuirai, parce que les jours de mon enfant sont menacés ; parce que maintenant je ferais la honte et le désespoir de celui qui m'a grandie de son nom, qui m'a purifiée de son amour ! mais que je retombe dans cet abîme d'où la bonté de Dieu m'a retirée ; que je recommence cette vie ignominieuse qui traîne le remords à sa suite, oh ! vous ne l'espérez pas, Albert ! vous ne pouvez pas le penser ! *(Avec noblesse et fermeté.)* je vous défends de suivre mes pas !

ALBERT.
Il n'en sera pas ainsi, pourtant ; je vous le jure ! car je vous aime encore Mathilde, je vous ai toujours aimée ! et quand je t'ai revue, un bonheur immense s'est agité dans mon sein... oui, tu peux m'accuser et me maudire... mais j'étais poussée par une volonté qui maîtrisait la mienne... ne sois pas insensible à ma prière, Mathilde : maintenant que je puis te consacrer ma vie entière, je sècherai les larmes que je t'ai fait répandre... et je t'entourerai de tant de bonheur que je te forcerai à oublier mes torts et tes douleurs.

MATHILDE, *très calme.*
Vous même, vous oubliez que vous parlez à la comtesse de Stolberg !

ALBERT.
Je parle à la mère de mon enfant ; à celle dont j'ai reçu la foi et les sermens ; à celle qui est à moi, et que nulle puissance ne pourra arracher de mes mains ! *(à genoux.)* Mathilde, si ce n'est pour moi, que ce soit du moins pour l'innocente créature que tu ne peux pas punir des fautes de son père... oh ! viens, viens, car le temps presse, te dis-je, saisissons-nous de ce précieux fardeau, et partons !...

MATHILDE.
Jamais.

ALBERT.
Eh bien ! puisque mes prières ne peuvent te fléchir, je n'écoute plus que mon désespoir ! Mathilde de gré ou de force tu me suivras ! *(Il la prend dans ses bras.)*

MATHILDE.
Grâce, grâce ! ô mon Dieu ! venez à mon secours ! *(En ce moment, on frappe à la porte avec violence, Albert s'arrête.)*

SCENE VIII.

Les mêmes, STOLBERG *en dehors,* puis JOHANN et KETLY, *paraissant à gauche.*

STOLBERG, *en dehors.*
Johann, ouvrez !

ALBERT.
Stolberg !

MATHILDE.
Je suis perdue !

KETLY, *entrant, avec Johann.*
On appelle.

STOLBERG.
Johann, ouvrirez-vous.

KETLY.
Monsieur le comte... miséricorde !

JOHANN, *à sa femme.*
Ketly, réponds-lui...

KETLY.
Que lui dire ?

JOHANN.
Dis-lui que tu es seule et que je suis sorti en emportant la clef.

STOLBERG, *avec plus de force.*
Obéirez-vous enfin ?

KETLY, *parlant à travers la porte.*
Qui frappe à cette heure ? qui êtes-vous ?

STOLBERG.
Ne me reconnaissez-vous pas ? je suis le comte de Stolberg... ouvrez-moi...

KETLY.
Impossible, monseigneur, mon mari est allé au bois et il a fermé la porte en dehors.

STOLBERG.
C'est faux... vous n'êtes pas seule... j'ai entendu parler... ouvrez, ou j'enfonce la porte... *(Il ébranle la porte avec force. Terreur générale.)*

MATHIDE.
Ciel !

KETLY.
Je vous répète qu'il n'y a ici que moi. Si vous êtes égaré, dirigez-vous vers la grande clairière, vous y trouverez mon mari, il vous indiquera le chemin...
STOLBERG.
Femme, tu me trompes; mais prends garde...
ALBERT.
Oh! c'est trop trembler devant cet homme! Ouvrez, Ketly, ouvrez...
MATHILDE.
Non, non! (*Mathilde veut l'en empêcher, il la repousse doucement et ouvre, puis il recule étonné.*)
ALBERT.
Personne!
TOUS, *stupéfaits*.
Personne!

SCÈNE IX.

LES MÊMES, *moins* STOLBERG.

MATHILDE.
Il sait tout... il m'a suivie... il va revenir... et alors... Albert, Albert, sauvons notre enfant, sauvons-le!... oh! c'est moi qui te le demande, maintenant... viens, viens! sauvons-nous, fuyons... il y va de la vie de notre enfant! Et si on veut me l'enlever, tu le défendras, toi, n'est-ce pas? ô mon Dieu, mon Dieu!
ALBERT.
Reviens à toi, Mathilde, rien n'est encore désespéré... et vous, Ketly, hâtez-vous... les momens sont précieux...
KETLY, *à Johann*.
Johann, va visiter les alentours... vois si personne ne peut nous surprendre.
(*Elle entre à gauche, Johann sort par le fond.*)
MATHILDE.
Encore des retards... ah! que je souffre...

SCÈNE X.

ALBERT, MATHILDE, KETLY, *apportant un berceau dans lequel repose un enfant.*

KETLY.
Le voici, madame la comtesse... voici votre enfant...
MATHILDE.
Mon fils, mon fils... Albert, c'est lui... c'est l'enfant de notre amour...
(*Elle l'embrasse.*)
ALBERT, *l'embrassant aussi*.
Cher enfant! (*A Mathilde.*) Maintenant, Mathilde, partons! partons...
KETLY, *à part*.
Ah! je voudrais être bien loin, déjà, maintenant que Johann m'a tout raconté. (*Haut.*) Mais Johann n'est pas encore de retour... (*Elle va déposer le berceau sur la table qui est au fond de la scène.*)
MATHILDE, *effrayée*.
J'entends marcher au fond de ce couloir...

KETLY.
J'en ai moi-même fermé la porte...
MATHILDE, *de plus en plus effrayée*.
Écoutez, écoutez!
KETLY.
C'est Johann, peut-être, qui revient...
MATHILDE, *désignant le fond*.
Non, non, il est sorti de ce côté...
ALBERT.
C'est mon père, alors... Dieu soit loué... il est seul. (*Ouvrant la porte du couloir.*) Ulric, est-ce vous?

SCÈNE XI.

LES MÊMES, STOLBERG.

(*Stolberg paraît à l'entrée du couloir, la figure pâle et les vêtemens en désordre. Il tient un pistolet de chaque main et reste immobile en lançant des regards de fureur. Albert recule devant lui. Mathilde, en apercevant Stolberg, jette un cri de désespoir et se précipite devant son enfant.*)
ALBERT, *qui s'avance fièrement alors*.
Stolberg! qui vous amène...
STOLBERG, *sombre*.
La justice de Dieu...
KETLY, *épouvantée, à part*.
Monsieur le comte! (*Elle se réfugie vers la gauche, près du couloir par lequel Stolberg est entré, Mathilde reste seule au milieu du fond de la scène, tremblante et épouvantée.*)
ALBERT.
Tu viens chercher la mort?
STOLBERG.
Je l'apporte, au contraire!... ne le vois-tu donc pas?
MATHILDE, *à part*.
O mon Dieu!
KETLY, *tremblante*.
Que va-t-il se passer?
STOLBERG, *à Albert, désignant Mathilde*.
Regarde cette femme! elle est prête à s'évanouir de douleur et de honte!... dis-lui donc de ne pas t'accuser ainsi, Albert, car je lis dans ses yeux ton crime et le sien.
ALBERT.
Et lis-tu dans les miens le mépris que tu m'inspires? Comte de Stolberg, ton ennemi le plus acharné, c'est moi... le premier sentiment qui m'ait germé au cœur, c'est la haine... cette haine dont je ne pouvais alors, moi qui me croyais ton fils, me rendre compte... cette haine que tout ton sang ne suffirait pas même à éteindre... Comte de Stolberg, ta vue m'est odieuse... et il me faut ta mort pour m'en délivrer.
STOLBERG.
Viens donc! mais ta main tremblerait peut-être en se tournant contre ton bienfaiteur?... je veux prendre soin de l'affermir... Albert de Muldorff, il est quelqu'un qui me haïssait plus encore que tu ne peux me haïr... et celui-là, c'est ton père...
ALBERT.
Je le savais... mais ce que tu ignores,

toi, c'est que mon père existe encore, c'est que sa vengeance te poursuit depuis vingt ans et qu'elle vient enfin de t'atteindre... (Amenant violemment Stolberg sur le devant de la scène et lui parlant d'une voix strangulée par la colère.) Vois cette femme, Stolberg, c'est la tienne, n'est-ce pas ? c'est ta Mathilde bien-aimée... eh bien ! je l'ai aimée avant toi, moi ; je l'ai eue avant toi, et c'est mon père qui te l'a fait épouser !

STOLBERG.
Ton père ?

ALBERT.
Oui, mon père !... et maintenant, vil suborneur de ma mère, donne-moi cette arme, et tu verras si ma main tremble en te perçant le cœur... (Il lui arrache un des pistolets.)

STOLBERG.
Viens ! (Ils remontent la scène, Mathilde se jette entr'eux.)

MATHILDE.
Arrêtez...

STOLBERG, apercevant le berceau.
Que vois-je ? un enfant...

ALBERT.
C'est celui que m'a donné ta femme, comte de Stolberg, et si je succombe tout-à-l'heure, je lui léguerai ma haine et mon mépris pour toi, comme j'ai hérité pour toi de la haine et du mépris de mon père.

STOLBERG, furieux.
Leur enfant ! leur enfant ! eh bien ! qu'il meure !... (Il prend le poignard qu'il a à la ceinture, et va au berceau, Mathilde se jette au-devant ; elle tombe percée d'un coup mortel, en poussant un cri, Kelly accourt, Albert se précipite sur Mathilde et se relève aussitôt.)

ALBERT.
Aussi lâche qu'infâme ! oh ! viens donc, misérable, viens donc !... (Ils entrent dans la chambre à gauche.)

SCÈNE XII.
MATHILDE, KETLY, puis JOHANN.

MATHILDE, se relevant aidée de Ketly.
J'avais mérité la mort... mais mon enfant, mon pauvre enfant, que va-t-il devenir ? (Elle retombe évanouie sur une chaise à côté du berceau.)

KETLY.
Madame la comtesse... elle se meurt... et pas de secours... ô mon Dieu...

JOHANN, entrant précipitamment.
Vite, vite, il n'y a personne. (Appercevant Mathilde.) Grand Dieu ! au secours ! au secours !

SCÈNE XIII.
LES MÊMES, MULDORFF, MOLDEN.

MOLDEN.
Ciel ! que vois-je ?... (Muldorff et Molden accourent auprès de Mathilde.)

MULDORFF.
Morte !

MOLDEN.
Nous sommes arrivés trop tard... Ah ! comte de Muldorff, qu'avez-vous fait ?...

MULDORFF.
Mon devoir.

MOLDEN.
Mais qui donc a commis ce crime ? (Silence.) Stolberg, sans doute ! (Nouveau silence.) Comte, votre vengeance était légitime, et j'ai pardonné à votre fils infortuné... mais elle, cette pauvre femme, devait-elle être votre première victime ?

MOLDEN.
Je la vengerai... mon fils... où est mon fils ?

KETLY, désignant la gauche.
Là !

MULDORFF.
Et l'assassin ?

KETLY, même jeu.
Là !

MULDORFF, se précipitant vers la porte.
Malédiction !... fermée !... cette porte est fermée ! (Johann se saisit d'une hache et frappe sur la porte à coups redoublés.) Albert !... mon fils !... ne te bats pas avec cet homme !... Et toi, comte de Stolberg, attends-moi ! (A Johann.) Courage, Johann !

JOHANN.
La porte cède... elle va tomber...

MULDORFF.
Un dernier effort... (La porte vole en éclats. Muldorff va entrer, lorsqu'on entend deux coups de feu. — Stupeur générale. — Stolberg paraît ensanglanté et se traînant à peine.)

SCÈNE XIV.
LES MÊMES, STOLBERG, Paysans et Paysannes portant des torches enflammées.

MULDORFF.
Ah !... (Il court à Stolberg.) Stolberg !

STOLBERG, reconnaissant Muldorff et articulant à peine.
Ulric de Muldorff !... Dieu m'a puni ! (S'approchant de Mathilde.) Mathilde, sois maudite comme moi !

SCÈNE XV.
LES MÊMES, ALBERT.

ALBERT, pâle et défait, paraissant sur le seuil de la porte, à gauche.
Que cette malédiction retombe sur toi-même, comte de Stolberg... (Stolberg tombe mort ; Albert s'approche de Muldorff.) Mon père, nous sommes vengés !

MATHILDE.
Albert !...

ALBERT.
Dieu ! Mathilde...

MATHILDE, d'une voix éteinte.
Albert, souviens-toi de notre fils (Elle retombe.)

MOLDEN.
Albert, le comte de Molden et sa fille adoptent l'enfant de Mathilde.

MULDORFF.
Vingt ans de tortures pour une heure de vengeance... Que Dieu juge, maintenant !

(La toile tombe.)

FIN.

Imp. de Pollet et Cie, rue Saint-Denis, 180.

BOUFFES-PARISIENS

PROCHAINEMENT

GYM!

Le plus dur, c'est d'en rire aujourd'hui devenu spécial en France, les productions des grands des auteurs regagnent plus d'intérêt dans chaque genre. Les succès les plus vives sont compliquées du public avec une réelle ferveur. C'est pourquoi nous sommes convaincus de l'immense succès de jouer sur tous les théâtres de Paris, sous le titre de
PARIS DRAMATIQUE.

La société oppose aux plus grandes productions françaises, donnant le reflet du Paris de demain, tout ce qui peut plaire au public et lui rien le détourner que en publiant des publications complètes des théâtres sous de Paris et de tous les théâtres de Paris. Je termine le public la promptitude de ses jugements sur la matière d'éloquence, littéraire, dans laquelle nous avons déjà...

N'oublions-les pas de ses collections, en encore un des succès, que l'on a reçu à bien des jours, C'est revenir sur toutes les charges de ce progrès, qui suffit d'êtré à Bloufleurs à panache partout, le père et secouer le cœur compassionnant le plaisir d'égayer les loisirs d'une soirée d'hiver, par la lecture d'un effet si brillant, (donné en Canada). Chutes pièces du un acte, seront jouées à à manière cellules à Paris, actes, parait de 8 soir, et celles de cinq seront portées à 6 sous, du manière que nos Pièces ne dépasseront jamais ce prix là.

SOUS PRESSE :

LE SAUR-GOUT NUT

COMÉDIE-VAUDEVILLE EN 2 ACTES, PAR PAUL FERRAND et M. ROCHARD

Prix : 2 sous.

EN VENTE

Les dernières livraisons

LES PRÉNOMS DES FILLES PAR DE PIOT.

Une Farce, un jour de Septembre.

Sous-Pièce : LA PROVINCE DRAMATIQUE.

A LYON, Bureau de la Boutique Dramatique, passage de l'Argue, 44.
PARIS, Galerie Dauphine et des Variétés, 13.

PARIS DRAMATIQUE

Paraît tous les Samedis.

PUBLICATION
DU PARIS DRAMATIQUE.

AVIS.

Le plaisir du théâtre est aujourd'hui devenu général en France, les productions énergiques de nos auteurs contemporains existent dans chaque genre, les émotions les plus vives sont accueillies du public avec une égale faveur. C'est pourquoi je mets aux our un receuil de pièces nouvelles, jouées sur tous les théâtres de Paris, sous le titre de **PARIS DRAMATIQUE**.

Le succès obtenu par nos quinze premières livraisons, donne la facilité à l'éditeur, de donner tous ses soins pour que le public n'ait rien à désirer; car en publiant une collection complète de toutes sortes de Pièces de tous les théâtres de Paris, Je mettrai le public à portée d'asseoir son jugement sur le mérite des genres, et réduire ainsi l'ouvrage à sa juste valeur.

La modicité du prix de ma collection, est encore un des services que j'aurai rendu à bien des gens, en la répandant dans toutes les classes de la société, car aujourd'hui, l'instruction a pénétré partout, le riche et surtout le pauvre apprécieront le plaisir d'égayer les loisirs d'une soirée d'hiver, par la lecture d'une Pièce de théâtre, (*Drame ou Comédie*), Car les pièces en un acte, seront toujours à 3 sous et celles en 2, 3 et 4 actes, seront de 6 sous, et celles de cinq, seront portées à 8 sous, de manière que nos Pièces ne dépasseront jamais ce prix là.

SOUS PRESSE :
LE SAUF-CONDUIT
COMÉDIE-VAUDEVILLE EN 2 ACTE, DE MM. FULGENCE ET H. RIMBAUT,
Prix : 6 sous.

EN VENTE :
La troisième Livraison
DES PORTRAITS DES BELLES FEMMES DE LYON.
Avec Texte, au prix de 50 centimes.

Sous Presse : **LA PROVINCE DRAMATIQUE.**

À LYON, Bureau de la Chronique Lyonnaise, rue Mercier, 58.
PARIS, Gallet, boulevard du Temple, 86.

PARIS DRAMATIQUE.
PIÈCES EN VENTE.

1. Timoléon, v. 1 act. 3 s.
2. Serment d'ivrogne, v. 1 a. 3 s.
3-4. Bels et Buth, v. 2 act. 6 s.
5. La France et l'Indus., 1 a. 3 s.
6. Les vacances esp., v. 1 a. 3 s.
7-8. La Fille du pacha, v. 2 a. 6 s.
9. Le mauvais sujet, v. 1 act 3 s.
10. Une Mauvaise Plaisanterie, v. en un acte. 3 s.
11. Les Brasseurs du Faubourg, v. en un acte. 3 s.
12. Trois Portraits, même numéro, v. 1 acte. 3 s.
13. Un Cœur et 30,000 livres de rente, v. 1 acte. 3 s.
14. Une Nièce d'Amérique, v. 3 s.
15-16. Père Brice, d. en 2 a. 6 s.
17-18. La Folle de Toulon. 3 a. 3 s.
19-20. Le Marquis de Brancas 3 a. 6 s.
21. Allons à la Chaumière, v. 3 s.
22-23. L'Adultère, d. en 3 a. 6 s.

IMPRIMERIE DE POLLET, SOUPE ET G..., 18, RUE SAINT-DENIS, 380.

www.ingramcontent.com/pod-product-compliance
Lightning Source LLC
Chambersburg PA
CBHW070457080426
42451CB00025B/2769